속박에서 자유로 가는 여정

율법과 복음

속박에서 자유로 가는 여정
율법과 복음

지은이 | 김형익
초판 발행 | 2018. 4. 4
10쇄 발행 | 2023. 12. 13
등록번호 | 제1988-000080호
등록된 곳 | 서울특별시 용산구 서빙고로 65길 38
발행처 | 사단법인 두란노서원
영업부 | 2078-3352   FAX | 080-749-3705
출판부 | 2078-3331

책 값은 뒤표지에 있습니다.
ISBN 978-89-531-3055-5 03230

독자의 의견을 기다립니다.
tpress@duranno.com   www.duranno.com

*본문에 인용된 성경은 표기가 없는 한 개역개정임을 밝힙니다.

두란노서원은 바울 사도가 3차 전도여행 때 에베소에서 성령 받은 제자들을 따로 세워 하나님의
말씀으로 양육하던 장소입니다. 사도행전 19장 8-20절의 정신에 따라 첫째 목회자를 돕는 사역과
평신도를 훈련시키는 사역, 둘째 세계선교(TIM)와 문서선교(단행본·잡지) 사역, 셋째 예수문화 및 경배
와 찬양 사역, 그리고 가정·상담 사역 등을 감당하고 있습니다. 1980년 12월 22일에 창립된 두란
노서원은 주님 오실 때까지 이 사역들을 계속할 것입니다.

율법과 복음

속박에서 자유로 가는 여정

김형익 지음

Law&Gospel

두란노

–

사랑하는 벧샬롬교회 교우들께
지난 2년 반 동안
속박에서 자유로 가는 복음의 여정에
여러분과 함께할 수 있어서 행복했습니다.

목차

추천사 __ 8
서문 __ 12

<u>1</u> 율법과 복음 구분하기 __ 19

<u>2</u> 신자의 정체성 이해하기 __ 51

<u>3</u> 신자의 성화 (1): 사랑으로 종 되기 __ 87

<u>4</u> 신자의 성화 (2): 거룩의 열매 맺기 __ 115

<u>5</u> 칭의와 복음 __ 151

<u>6</u> 중생과 복음 __ 179

<u>7</u> 복음 설교의 회복을 위하여 __ 203

후기 __ 226
주(註) __ 230

율법은 우리의 죄인 된 현실을 직시하게 하고, 은혜는 하나님의 백성 된 소망과 운명을 선언합니다. 이러한 거룩한 소망과 영광스러운 운명 은 책임 있는 신앙생활을 요구합니다. 책임져야 하는 신앙 현실은 의 무나 짐이 아니라 신자 된 명예와 영광을 맛볼 수 있는 기회입니다. 이 책을 통해 하나님의 백성으로 책임 있게 살아가는 것이 더할 나위 없 는 명예와 영광임을 확인하는 계기가 되기를 바랍니다.

박영선 남포교회 원로목사

"율법과 복음"은 참으로 중요한 주제입니다. 우리의 구원을 이해하는 데 있어 반드시 알아야 할 본질적인 내용을 다루기 때문입니다. 성경 의 구원론을 이해하는 열쇠는 율법과 복음의 관계를 바르게 이해하는 데 있습니다.

그러나 율법과 복음의 문제는 이해하기 어려운 주제이기도 합니다. 교 회의 역사를 살펴보면 언제나 율법과 복음의 관계를 잘 알지 못하는 사람들로 넘쳐 났습니다. 율법주의와 무율법주의, 신인협력주의, 세대 주의, 신율법주의, 신율주의, 언약적 율법주의, 새언약주의 등으로 불 리는 견해들은 모두 율법과 복음에 대한 잘못된 이해를 공통분모로 가 지고 있습니다.

김형익 목사의 《율법과 복음》은 이처럼 중요하고도 어려운 주제를 알 기 쉽고 분명하게 설명해 줍니다. 또한 율법과 복음을 바르게 이해하는 것이 우리의 신앙적인 삶에 어떤 유익을 주며, 율법과 복음에 대한 잘못된 이해가 우리 개인의 신앙과 한국 교회의 모습을 어떻게 왜곡시키는지를 잘 보여 줍니다.

이 책을 읽고 잘 소화하면 율법은 율법답게, 복음은 복음답게, 즉 율법과 복음을 조화롭게 이해하고 우리의 삶에 바르게 적용하는 법을 배우게 될 것입니다. 이 책을 통해 율법과 복음에 대한 이해의 첫 단추를 바르게 끼워서 풍성한 구원을 입고 기쁨으로 신앙생활 하는 독자들이 많이 생겨나기를 기대합니다.

백금산 예수가족교회 담임목사

이제 막 신학의 즐거움을 느끼며 어려운 책들과 씨름하고 있던 10년 전, 저는 율법과 복음의 명료한 구분이 어려워 때로는 율법주의적인 속박에 매여 있었고, 때로는 율법폐기론적 가르침의 덫에 걸려 방종하고 있었습니다.

그때 선하신 하나님이 섭리 가운데 저자의 설교를 듣게 하셨고, 저는 저자의 갈라디아서 강해와 언약에 관한 설교를 들으며 드디어 복음이 주는 자유 안에서 기쁨으로 율법을 지키려는 노력을 시작할 수 있게 되었습니다. 그때 비로소 저는 죄를 피하려고 할 뿐 아니라 죄를 미워하게 되었고, 선행을 하고자 억지로 노력하는 것을 넘어서 사랑하게 되었습니다. 그리고 그 결과는 율법과 복음을 주신 하나님을 사랑하게 된 것이었습니다.

율법과 복음에 대한 명료한 이해가 결여될 때 설교자들은 하나님을 강압적인 폭군으로 묘사하거나, 아무것도 명령하신 적이 없는 마음씨 좋은 할아버지로 표현하게 됩니다. 율법과 복음에 대한 몰이해는 결국 하나님을 향한 오해를 낳기 때문입니다. 그래서 이 책은 단순히 율법과 복음 교리에 관한 올바른 이해를 주는 것을 넘어 복음으로 우리를 받고 변화시키시며, 율법으로 우리를 깨닫게 하고 기르시는 사랑의 하나님을 만나게 합니다. 이 책을 통해 우리는 두려워해야 하지만 존경스러운, 공의롭지만 자비로우신, 진노하지만 사랑이신 영원한 하나님을 만나게 될 것입니다.

이정규 시광교회 담임목사

인간의 삶의 지혜와 원리는 하나님의 말씀에 있습니다. 그래서 말씀에 대한 올바른 이해와 해석, 신앙의 체계와 확신이 중요합니다. 그중에서 율법과 복음, 즉 행위와 믿음의 관계에 여전히 많은 오해와 왜곡이 있는 가운데 김형익 목사님의 책이 나왔습니다. 오랜 시간 다양한 통로를 통해 목사님의 설교와 강의를 들어 온 저로서는 책을 읽으면서 주제에 따라 명료하게 다듬어지는 것을 다시 확인했습니다.

어떤 주제를 놓고 공부할 때는 개인의 수준에 맞는 책을 골라야 한다는데, 일반적인 성도들의 눈높이에 맞춤입니다. 저자는 익숙해서 아는 것 같지만 실은 어설프게 알아서 종종 심각한 오류에 빠져 혼란을 겪는 성도들을 겨냥(?)해서 정리해 주었습니다. 한꺼번에 너무 많은 내용을 다루기보다 신앙의 기본적인 내용을 질문하면서 읽을 수 있도록 구성했습니다. 읽은 내용이 잘 이해되도록 한곳에 모은 "확신 노트"를 통해서 쉽고 간결하게 다시 정리해 준 센스도 돋보입니다. 그렇게 재구성된 핵심 내용은 개인이 소화하고 잘 기억해서 곧바로 현실에 적용하기에 유익합니다.

파편적인 지식은 흩어지기 쉽고, 피상적인 지식은 피상적인 신앙을 낳습니다. 그래서 성도는 주저 없이 배워야 합니다. 배움의 시작은 읽기입니다. 이 책을 통해 율법과 복음의 관계와 각각의 바른 의미와 기능, 신자의 정체성 등에 대해 잘 읽었으면 좋겠고, 읽고 이해하는 수준을 넘어서 삶에서도 능숙한 성도가 되어 가면 더욱 좋겠습니다.

서자선 광현교회 집사

오랫동안 너무나 많은 신자가 율법에 매여 율법주의의 틀 안에서 죄인을 자유하게 하는 그리스도의 복음의 은혜를 누리지 못하는 모습을 보아 왔습니다. 이것은 상당 부분 율법과 복음, 복음과 율법을 선명하게 드러냄으로써 복음을 전하지 못하는 강단과 그 강단에서 말씀을 전하는 설교자들의 탓이라고 하지 않을 수 없습니다.

우리의 본성이 율법에 쉽게 반응하고 율법주의의 틀을 더욱 선호할지라도, 신자는 매 주일 교회 강단에서 선포되는 복음을 들을 때 복음 안에서 우리에게 거저 주신 하나님의 은혜를 새롭게 맛보게 되고, 그리스도 안에서 주어진 자유함을 새롭게 누릴 수 있습니다. 그리고 아무리 경건을 추구하고, 봉사하고, 섬겨도 하나님의 완전한 요구를 만족시켜 드릴 수 없는 불편한 마음은 복음을 들을 때 선하신 하나님 안에서 참된 안식과 평강을 누리게 됩니다. 이것이 매 주일 강단에서 율법이 아닌 복음이 선명하게 선포되어야 하는 중요한 이유입니다.

그리고 복음 안에서 참된 자유와 은혜를 누릴 때 비로소 신자는 하나님을 즐거워함으로 하나님을 영화롭게 할 수 있습니다.

19세기 영국의 목사 찰스 브리지스는 그의 책 《참된 목회》(익투스, 2011)에서 존 뉴턴의 말을 인용해서 이렇게 말했습니다.

"율법과 복음 사이의 구별과 연관성, 그리고 그것들이 서로 도우면서 서로를 설명하고 확립하는 것을 분명히 이해하는 것은 비범한 특권이며 영혼이 좌우 어느 편의 오류에도 휘말리지 않도록 지켜 주는 복된 수단이다."[1]

이 말은 율법과 복음을 구분할 줄 모르는 사람이 목사와 설교자가 될 때 교회의 회중이 입을 수 있는 폐해가 얼마나 클지를 보여 주는 말이 아닙니까? 이 잣대를 오늘날 한국 교회의 강단에 엄밀하게 적용한다면, 우리는 참담한 결과를 직면하지 않을 길이 없습니다.

어떤 사람들은 이런 말을 극단적이라고 받아들일지 모르겠습니다마는, 사도 바울은 사실 이 주제를 더 무섭게 다루지 않았습니까? 거짓 교사들이 전한 거짓 복음으로 갈라디아 교회가 무너져 가는 모습을 본 사도 바울은 급히 갈라디아서를 썼습니다. 그리고 그는 서신을 시작하면서부터 이렇게 강한 어조로 거짓 복음에 대한 하나님의 관점을 표현했습니다.

"다른 복음은 없나니 다만 어떤 사람들이 너희를 교란하여 그리스도의 복음을 변하게 하려 함이라 그러나 우리나 혹은 하늘로부터 온 천사라도 우리가 너희에게 전한 복음 외에 다른 복음을 전하면 저주를 받을지어다"(갈 1:7-8).

성령께서 영감해 주신 이 말씀을 누가 바울의 개인 견해라고 폄하하고 또 극단적인 말이라고 주장할 수 있겠습니까? 오늘날 한국 교회가 갈라디아서에서 바울 사도가 지적한 바로 그 '다른 복음'의 문제로 심각한 염증을 앓고 있다는 것이 이 책을 내는 제 마음 한편에 있는 부담입니다.

사실 오늘날 신천지와 같은 이단 사이비보다 더 무섭게 한국 교회를 무너뜨리고 있는 것은 율법주의입니다. 우리는 "율법과 복음이 혼동되었을 때부터 교회는 몰락하기 시작했다"라는 루터교 목사 C. F. W. 월터의 말을 주목할 필요가 있습니다. 율법과 복음의 혼동으로 인한 교회 몰락의 증상은 인간의 헌신과 열심이 현저하게 줄어드는 것으로만 표출되지 않습니다. 그래서 심각하게 느껴지지 않는다는 것이 문제입니다. 율법주의가 맺을 수 있는 최고의 열매인 '자기 의'(self-righteousness)가 오늘날 한국 교회의 곳곳에서 독버섯처럼 자라는 것이 그 하나의 증상입니다.

저는 목회의 현장에서, 매 주일 강단에서 복음을 선명하게 드러내려고 했음에도 불구하고 적잖은 사람들이 율법과 복음을 혼동함으로써 무서운 자기 의의 희생물이 되는 안타까운 모습을 직면해야 할 때가 많았습니다. 그래서 율법과 복음, 복음과 율법의 다름과 연관성을 보다 분명하게 설명하기 위해 "율법과 복음"이라는 주제로 일련의 설교를 전했고, 이 설교가 책의 형태로 나오게 되었습니다. 이 책은 이러한 한국 교회의 현실에 대한 위기의식으로부터 나왔습니다. 한국 교회의 성도들이 율법과 복음을 선명하게 구분하게 되고, 우리 주 예수 그리스도의 복음 안에서 하나님이 베풀어 주신 은혜를 기뻐하며, 우리를 자유하게 하는 복음의 능력을 누리게 되기를 바랍니다.

이미 이 주제를 다룬 유익한 신학 서적들이 없는 것이 아닙니다. 그럼에도 불구하고 평범한 성도들이 이 주제와 관련해 쉽게 읽고 소화할 수 있는 책이 많지 않은 것이 한국 교회의 현실입니다. 이런 이유로 이 책을 한국 교회 성도들에게 내놓습니다.

모든 것이 그렇지만, 이 책만이 가지는 독창적인 내용이 있을 수는 없습니다. 이 책 안에는 제 신앙 여정에서 복음을 이해하도록 도움을 주었던 제 영적 스승들의 가르침들이 녹아 있습니다.

특별히 대학 시절, 마틴 로이드 존스의 《로마서 강해》(기독교문서선교회, 1995)를 읽으면서 복음을 온전하게 배울 수 있었습니다. 로마서 5-8장을 강해한 존 스토트의 《새사람》(아바서원, 2011)을 읽을 때 주께서 주셨던 깊은 깨달음의 순간도 잊을 수 없습니다. 1987년 어느 늦은 저녁, 좌석 버스의 맨 뒷자리에 앉아 흐릿한 불빛 아래서 이 책의 로마서 8장 23절에 대한 설명을 읽던 중 "아!" 하고 깨달았던 그 순간이 아직도 생생합니다. 복음의 자유하게 하는 은혜와 죄를 짓는 현실, 그리고 죄책감의 문제를 해결한 것은 복음의 진리를 이해하고 깨달았을 때였습니다. 이와 비슷한 은혜가 이 책을 읽는 독자들에게도 임하기를 바랍니다. 그리고 마이클 호튼이 율법과 복음을 구분하는 방식은 제가 분명하게 표현하고 싶어 했던 것이 무엇인지를 정확하게 보게 해 주었습니다.[2] 저는 21세기 초반, 저와 같은 시대를 살아가는 한국 교회의 성도들에게 우리 시대의 감각과 언어로 말하는 전달자일 뿐입니다.

한국 교회의 모든 강단에서 매 주일 주 예수 그리스도의 순전한 복음을 들을 수 있다면 얼마나 복되고 즐거운 일이겠습니까? 주께서 그런 복된 날을 우리에게 속히 주시기를 구합니다.

부족함 많은 목사를 늘 너그러운 사랑으로 받아 주고 기도로 함께해 주시는 벧살롬교회의 교우들께 감사한 마음과 사랑을 전합니다. 그리고 복음을 전하는 목사로 타협 없이 살아가도록 지난 스물여덟 해 동안 가장 가까운 곳에서 사랑 안에서 참된 것을 말해 준 아내 희정에게, 육신과 복음 안에서 나의 자녀 된 인성, 혜성에게 고마움과 사랑을 전합니다. 특별히 혜성이는 마지막까지 꼼꼼하게 가독성 있는 글이 되도록 원고를 다듬어 주었습니다. 그리고 이정규 목사님의 조언이 큰 도움이 되었음도 밝히며 특별한 감사의 말을 전합니다.

아무쪼록 이 책을 읽는 모든 분이 예수 그리스도의 복음의 자유하게 하는 은혜를 더 선명하게 깨닫고 누림으로써 하나님께 영광을 돌리게 되기를 바랍니다.

2018년 3월
빛고을 광주에서
김형익

1

율법과 복음
구분하기

그리스도께서 우리를 자유롭게 하려고
자유를 주셨으니
그러므로 굳건하게 서서
다시는 종의 멍에를 메지 말라

갈 5:1

○

기독교 신앙의 근본적인 장애:
율법과 복음의 혼동

"율법과 복음을 구분하는 바른 지식은 성경 전체를 바르게 이해할 수 있도록 해 주는 영광스러운 빛이며, 이 지식이 없다면 성경은 봉인된 책에 불과할 것이다."[3]

19세기 루터교 목사 C. F. W. 월터의 말입니다. 우리가 복음을 제대로 깨달았다는 것은 율법과 복음의 차이를 명확하게 알고, 양자를 제대로 구분할 수 있게 되었다는 것을 의미합니다. 월터의 말이 맞다면, 오늘날 기독교 신앙에 있어서 "율법과 복음"보다 더 중요한 주제는 없을 것입니다.

신앙생활이 정체되거나 열심히 노력하지만 성장하지 못하는 데는 이유가 있습니다. 많은 경우, 율법과 복음을 바르게 구분하지 못하고 복음을 깨닫지 못하기 때문에 벌어지는 문제입니다.

많은 신자가 주님과 더 깊은 관계를 맺고 영적으로 성장하기 위해서 열심히 성경을 읽고, 기도하고, 예배드리고, 때로는 눈물도 흘릴 만큼 감정적으로 반응합니다. 또 하나님이 꺼려하시는 것들을 적절하게 피하는 삶을 나름 의지적으로 잘 감당하며 살아갑니다. 이런 생활이 잘 유지되는 한, 주님과 더 가까워졌다는 느낌을 가지게 됩니다. 하지만 이런 신앙생활의 틀에서 미끄러지고 실패하기라도 하면 주님과의 관계에 자신이 없어지고 쌓아두었던 믿음이 한순간에 뚝 떨어지는 것과 같은 경험을 합니다.

이것은 많은 그리스도인의 경험입니다. 신앙이 자기 열심이나 경험 혹은 느낌에 달려 있다고 생각하는 것입니다. 이런 태도는 모래 위에 집을 짓는 것과 같습니다. 모든 것이 나 하기에 달려 있다고 생각하는 것입니다.

율법과 복음이 어떻게 다른지를 선명하게 깨닫게 되고 복음이 무엇인지를 정확하게 이해하고 그 은혜를 알기까지, 신앙생활은 기쁨과 좌절을 오르내리는 영적 롤러코스터에서 벗어날 수 없습니다. 결심하고 좌절하기를 수없이 반복합니다. 결국 자기 열심과 노력으로 신앙 상태를 진단하게 되는 것입니다.

만일 이것이 기독교라면 불교나 다른 행위 종교들과 무슨 차이가 있겠습니까? 은혜는 어디 있고, 복음은 어디에 있는 것입니까?

이것은 율법과 복음을 혼동한 신자들이 겪게 되는 전형적인 폐해입니다. 율법과 복음을 혼동하면 그리스도인의 삶을 정상적으로 살 수 없습니다. 주님이 주신 자유와 기쁨을 누리지 못할 뿐 아니라 신앙생활이 고통스럽기까지 합니다. 율법과 복음을 바르게 깨닫지 못하면 성경을 제대로 이해할 수 없고, 영적으로 성장할 수도 없습니다. 율법과 복음을 혼동하면 결국 기독교는 종교로 전락하게 되고, 신자들은 종교생활의 수준을 벗어나지 못하는 종교인들이 되고 맙니다.

이렇게 10년, 20년, 혹은 평생의 세월을 보낸다고 생각해 보십시오. 그 오랜 세월 동안 하나님이 예수 그리스도의 복음 안에서 허락하신 자유와 기쁨을 풍성하게 누리고 살지 못한 것도 안타까운 일이지만, 잘 믿는다고 스스로 생각하고 열심히 살았던 그 세월 동안 하나님의 아름다운 성품을 반영하는 인격과 성품으로 변화되지 못한 것은 또 얼마나 비참한 일입니까? 오래 예수님을 믿었으면 그만큼 우리의 인격과 성품이 주님을 드러낼 수 있어야 하지 않습니까? 교회에서 평생을 보내고도 하나님의 성품을 반영하는 경건한 어른으로 성숙해지는 일이 일어나지 않는 것을 어떻게 설명해야 합니까?

교회 안의 두 가상 인물을 설정해 보겠습니다. 먼저 A장로입니다. 성실함은 A장로의 트레이드마크입니다. 그는 사회에서도 어느 정도의 성취를 이루었습니다. 그는 다소 엄격하고 의지가 강한 사람입니다. 주일 성수는 기본이고, 가정 예배도 거의 빠짐없이 드려 왔습니다. 제자훈련은 최고의 성적으로 마쳤습니다. A장로는 한 번 한다고 하면 하는 사람입니다. 새벽기도가 특히 그랬고, 교회 봉사에 있어서도 철저합니다. A장로는 이런 자신의 모습에 상당히 만족해합니다. 그러나 슬프게도 그는 자신의 내면에서 복음의 기쁨과 은혜를 거의 누리지 못하며 살고 있습니다.

또 한 사람의 가상 인물은 B집사입니다. B집사의 문제는 의지가 약하다는 것입니다. 그의 직장생활은 그리 안정적이지 않습니다. 교회에서 서리집사 직분을 받기는 했지만, 교회 일을 시작했다가 끝까지 마친 기억이 별로 없습니다. 그래도 청년 시절에 제대로 은혜를 받은 것은 분명합니다. 마음속에는 하나님을 사랑하는 마음이 정말 있다고 느낍니다. 주일날 말씀을 들으면 하나님을 잘 믿고 싶은 마음이 간절합니다. 그래서 결심도 해 보지만 월요일이 다 가기 전에 무너지고 맙니다.

B집사는 A장로 같은 사람들이 부럽습니다. 왜 그렇게 의지박약인지, 번번이 넘어지고 무너지기를 거듭합니다. 제자훈련도 중간에 포기하고 말았습니다. 그는 실패하는 자신의 모습이 실망스럽고, 이로 인한 좌절을 경험합니다.

극화된 가상 인물들이지만, 교회 안에는 A장로와 B집사의 범주에 들어갈 수 있는 사람들이 적지 않습니다. 보통 교회에서 사람들은 A장로의 신앙은 훌륭하고, B집사는 그렇지 않다고 생각하기 쉽습니다. 그런데 이 판단은 그들의 의지를 신앙과 혼동해서 내린 판단이 아닐까요?

만일 A장로나 B집사가 자신들의 성실함이나 의지박약을, 혹은 사회적 성공 여부를 스스로의 신앙을 판단하는 근거로 삼고, 그런 요소들에 의해 신앙적 만족과 불만족이 좌우되고 있다면 두 사람의 신앙은 모두 율법주의에 속박되어 있으며 복음이 주는 자유와 기쁨을 누리는 것이 아니라고 말할 수 있습니다. 이것이 깊어지면, A장로는 B집사를 보면서 "나는 열심히 하는데 왜 B집사는 따라오지도 않고 계속 힘을 빼는가?" 하며 원망하거나 때로는 비난까지 할 수도 있습니다. 그리고 B집사와 같은 다수의 주변부 사람들은 좌절을 경험하면서 영적 낙오자로 살아가게 될 것입니다.

율법과 복음을 혼동할 때 의지는 신앙으로 둔갑하기 쉽습니다. A장로처럼, 의지가 남다른 사람들은 한다고 마음먹으면 하고야 맙니다. 새벽기도를 하겠다고 결심하면 상당 기간 실행합니다. 제자훈련을 해도 철저하게 책을 읽고, 과제를 잘 수행하며, 끝까지 빠지지 않고 성실하게 해 냅니다. 물론 B집사처럼 의지가 약한 사람들은 대부분의 자리에서 약함을 드러내고 실패를 경험할 것입니다.

그렇다면 신앙과 의지는 어떻게 구분할 수 있습니까? 의지가 강하면 신앙도 좋아진다고 말할 수 있습니까? 신앙생활의 관건은 의지력의 발휘에 있습니까? "의지력이 강한 사람들은 신앙 생활도 잘한다"라는 말이 맞습니까?

하나님은 죄인을 당신의 은혜에 의하여 믿음으로 말미암아 구원하십니다(엡 2:8). 성경은 '의지로 말미암아' 구원을 얻는다고 말하지 않습니다. 의지가 박약해서 구원을 받지 못하는 일은 없고, 의지가 남달라서 구원을 받는 것도 아닙니다. 죄인을 구원하는 것은 의지가 아닙니다. 그럼에도 불구하고 우리는 너무나 자주 믿음과 의지를 혼동합니다. 이것은 율법과 복음을 혼동했기 때문에, 그리고 율법과 복음을 혼동할 때 일어나는 일입니다.

기독교 신앙의 가장 근본적인 개념은 은혜입니다. 은혜의 사전적 정의는 "받을 만한 자격이 없는 자에게 주어지는 선물 혹은 호의"입니다. 죄인이 예수님을 믿을 때, 즉 성령으로 말미암아 거듭난 죄인의 어두웠던 눈이 밝아지고 그리스도의 영광을 보고 회심하게 될 때 제일 먼저 경험하는 것이 은혜, 하나님의 무한한 은혜입니다.

그는 지극히 거룩하시고 무한히 영광스러우신 하나님 앞에서 무가치한 자신의 존재를 보게 되고, 하나님의 진노와 율법의 형벌과 저주를 받아야 할 대역 죄인인 자신을 알게 됩니다. 그런 죄인에게 하나님은 당신의 독생자를 보내 그 사랑을 확증해 주셨습니다. 거듭난 사람은 자신이 하나님으로부터 받을 수 없는 사랑, 갚을 수 없는 은혜를 입었다는 것을 알게 됩니다.

이 은혜는 오직 복음의 말씀을 통해 거듭나고 그 복음을 깨달을 때 복음 안에서 충만하게 경험되는 것입니다. 그러므로 거듭난 사람이 하나님의 말씀을 통해 복음과 율법을 선명하게 구분하고 복음을 깨닫게 될 때 비로소 모든 속박에서 자유하게 하는 은혜를 누리고, 신앙이 복음의 은혜 위에 견고하게 세워져 가기 시작합니다.

O

율법과 복음의
연관성과 차이점

율법과 복음은 둘 다 하나님의 계시입니다. 그러므로 '율법은 나쁘고, 복음은 좋다'는 식으로 이해하는 것은 비성경적인 심각한 오해입니다. 율법도 하나님이 주셨고, 복음도 그렇습니다. 성경 전체는 하나님의 특별 계시로서 율법과 복음으로 구성된다고 할 수 있습니다.

일반적으로 율법이라고 하면 모세가 시내산에서 받은 모세의 율법을 가리킵니다. 이것은 좁은 의미에서 말하는 율법입니다.

모세의 율법은 십계명으로 대표되고, 주님이 "하나님을 사랑하고 이웃을 사랑하라"라고 말씀하셨듯이 두 계명으로 요약될 수도 있습니다(막 12:29-31).

하지만 저는 넓은 의미에서 율법과 복음의 차이점을 설명하려고 합니다. 가장 기초적인 구분은 이렇습니다. 율법은 "이렇게 행하라. 그러면 살리라"라고 말하는 반면, 복음은 "내가 너를 위해서 다 했다. 그러므로 너는 살 것이다"라고 말합니다. 율법의 특징이 '우리가 어떤 사람이 되어야 하는가?'에 대한 하나님의 명령과 요구라면, 복음의 특징은 "내가 다 했고 다 이룰 것이다. 그러니 나를 믿어라"라고 하는 '약속'과 '격려'입니다. '모든 것이 내게 달려 있다'고 보는 것이 율법이고, '모든 것이 그리스도께 달려 있다'고 보는 것이 복음입니다. 율법은 우리가 행해야 할 내용이고, 복음은 우리가 믿어야 할 내용입니다.

율법 = 명령

복음 = 약속

이 차이를 아시겠습니까? 이 차이를 선명하게 구분할 수 있어야 합니다. 우리가 율법 위에 서서 신앙을 세워 가는 것과 복음의 반석 위에 신앙을 세워 나가는 것은 엄청난 차이가 있기 때문입니다.

차이를 좀 더 살펴보면, 율법은 조건적 성격을 가집니다. 영어로 표현하면 'if(만일)/then(그러면)' 형식이라고 할 수 있습니다. '네가 만일 이렇게 하면 어떻게 될 것이다'라는 형식입니다. 내가 무엇을 행하면 내가 무엇을 받습니다. 이것은 모든 인간의 본성과 양심에 잘 부합합니다(롬 2:14-15). 인간은 천성적으로 율법에 나타나 있는 행동과 결과에 대한 조건 논리, 원인과 결과를 관련짓는 인과론을 선호합니다. 사실 우리 사회의 관습이나 체계는 이런 윤리적 원칙 위에 세워져 있습니다. 가정에서도 부모가 자녀들을 양육할 때 자연스럽게 상벌의 개념을 사용하고 있고, 기업체에서도 성과에 따른 보수, 즉 성과급 제도를 운영하고 있는 것이 대표적인 예입니다.

그러나 복음은 인간의 본성과 양심을 거스른다는 점에서 율법의 조건적 성격과는 크게 차이가 납니다. 복음은 하나님의 특별계시를 통해서만 인간에게 알려질 수 있고, 성령의 중생 역사가 있어야만 믿을 수 있습니다(롬 16:26).

율법이 'if/then' 형식이라면, 복음은 'because(때문에)/therefore(그러므로)' 형식이라고 할 수 있습니다. 복음은 하나님이 무엇을 행하셨기 때문에, 그러므로 내가 무엇을 얻게 되었다는 논리입니다. 어떤 일을 행하신 분은 하나님이시고, 그 결과를 얻은 것은 나입니다. 로마서 5장 1절이 이를 잘 보여 줍니다.

"그러므로 우리가 믿음으로 의롭다 하심을 받았으니 우리 주 예수 그리스도로 말미암아 하나님과 화평을 누리자."

이 구절은 "우리가 믿음으로 의롭다 하심을 받았기 '때문에, 그러므로' 우리 주 예수 그리스도로 말미암아 하나님과 화평을 누리자"라는 복음의 문장 형식인 'because/therefore'를 잘 보여 주고 있습니다. 복음은 계속해서 이렇게 표현될 수 있습니다. "그리스도께서 우리를 위해서 죽으셨기 '때문에, 그러므로' 우리는 죄 사함을 받았다." "그리스도께서 율법을 성취하셨기 '때문에, 그러므로' 우리는 율법의 요구에서 자유하게 되었다."

복음은 내 안에 원인이 없는데 내 안에 일어난 어떤 일입니다. 행하신 분은 하나님이신데 얻는 주체는 나라는 점에서 복음은 우리 본성인 인과율에 맞지 않습니다.

율법과 복음의 차이점

율법 = 명령	복음 = 약속
"이렇게 행하라. 그러면 살리라" (if/then).	"내[하나님]가 너를 위해서 다 했다. 그러므로 너는 살 것이다" (because/therefore).
"모든 것이 내게 달려 있다."	"모든 것이 그리스도께 달려 있다."
명령 = 우리가 행해야 할 내용	약속 = 우리가 믿어야 할 내용

○

구약성경 안에 율법과 함께 복음이 있고
신약성경 안에도 복음과 함께 율법이 있다

많은 사람이 구약성경은 율법이고, 신약성경은 복음이라고 오해하곤 합니다. 그렇지 않습니다. 이런 식으로 성경을 이해하면 성경의 메시지나 복음을 도무지 깨달을 수 없습니다. 앞에서 율법을 명령으로, 복음을 약속으로 설명한 관점으로 보자면, 구약성경 안에 율법과 복음이 함께 있고, 신약성경 안에도 복음이 율법과 함께 있다고 볼 수 있습니다.

아담과 하와에게 "선악과를 먹지 말라"라고 하신 하나님의 명령은 율법입니다. 그러나 그들이 범죄했을 때 하나님이 "내가 너로 여자와 원수가 되게 하고 네 후손도 여자의 후손과 원수가 되게 하리니 여자의 후손은 네 머리를 상하게 할 것이요 너는 그의 발꿈치를 상하게 할 것이니라"(창 3:15)라고 하신 약속은 복음입니다.

이것이 왜 복음입니까? 범죄한 아담과 하와가 살길이 그들이 어떻게 하느냐에 달린 것이 아니라 하나님이 하실 일에 달려 있고, 하나님이 그 일을 하겠다고 약속하셨기에 이것은 복음입니다. 구약성경에는 이와 같은 복음의 약속이 풍성히 담겨 있습니다.

신약성경은 어떻습니까? 신약성경에는 복음의 약속들만 있는 것이 아니라 많은 명령도 있습니다. "예배를 드려라", "힘써 기도하라", "감사하라", "너희는 서로 사랑하라" 등 셀 수 없이 많습니다. 이 명령들은 신약성경 안에 있는 율법입니다. 이것은 존 칼빈이 '율법의 제3용법'이라고 지칭한 의미에서 받아들여야 하는 명령들입니다. 예수님을 믿고 이제 하나님의 기쁘신 뜻대로 살고 싶어 하는 새 마음을 받은 거듭난 신자들에게 유효한 명령들입니다.

여기서 존 칼빈이 말한 율법의 3가지 기능 혹은 용법을 잠깐 설명하겠습니다. 존 칼빈은 그의 《기독교 강요》(크리스챤다이제스트, 2015)에서 율법의 3가지 기능을 말했는데, 이렇게 정리할 수 있습니다(2.7.)

율법의 제1용법은 죄인을 정죄하는 기능입니다. 율법은 하나님의 의를 밝히 드러내어 인간의 죄성을 밝힘으로써 죄인으로 하여금 온전히 하나님의 긍휼하심을 바라보게 합니다. 이것은 죄를 심히 죄 되게 함으로써 죄인을 복음으로 나아가게 하는 기능입니다.

율법의 제2용법은 죄와 악행을 억제하는 기능입니다. 사람들에게 죄와 악행에는 형벌이 따른다는 것을 보여 줌으로써 형벌에 대한 두려움 때문에 악인과 불신자들이 죄와 악행을 마음대로 행하지 못하도록 억제시키는 용도입니다.

마지막으로 존 칼빈이 말하는 율법의 제3용법은 앞서 간단히 설명한 것처럼, 신자들에게 하나님의 뜻을 가르치며 권고하는 기능입니다. 우리는 율법을 통해서 하나님을 섬기는 삶, 하나님께 기쁨이 되는 삶이 무엇인지, 하나님의 기대 수준이 어떠한지를 제대로 알 수 있습니다. 이런 점에서 율법은 완전하고 영구적입니다. 그리고 십계명은 제3용법을 가장 잘 보여 준다고 할 수 있습니다.

존 칼빈은 율법의 제3용법이 율법의 가장 주된 기능이고, 또한 율법의 고유한 목적에 더 가까운 것이라고 말합니다. 신약성경 안에 있는 많은 명령은 바로 율법의 제3용법으로 이해하고 받아들여야 하는 것입니다.

○

율법의 요구:
하나님의 완전하심

그렇다면 율법이 보여 주는 궁극적인 하나님의 뜻은 무엇입니까? 율법이 인간에게 요구하는 하나님의 뜻, 율법의 궁극적 요구는 무엇입니까? 예수님은 율법이 궁극적으로 우리에게 요구하는 것이 무엇인지를 산상설교에서 분명히 가르쳐 주셨습니다.

"그러므로 하늘에 계신 너희 아버지의 온전하심과 같이 너희도 온전하라"(마 5:48; 레 19:2; 신 18:13 참조).

구약 시대 이스라엘 백성이 율법이 요구하는 내용을 몰랐을 리 없습니다. 율법 선생들은 한 구절의 율법 명령이라도 철저하게 지키기 위해서 각각의 명령에 대해 여러 적용 규정들을 만들어 자세히 가르치고 지켜 행하게 했습니다. 하지만 그 결과는 참담한 실패였습니다.

"내가 증언하노니 그들이 하나님께 열심이 있으나 올바른 지식을 따른 것이 아니니라 하나님의 의를 모르고 자기 의를 세우려고 힘써 하나님의 의에 복종하지 아니하였느니라"(롬 10:2-3).

주님도 이런 정도의 의를 가지고는 천국에 들어가지 못한다고 선언하셨습니다.

"내가 너희에게 이르노니 너희 의가 서기관과 바리새인보다 더 낫지 못하면 결코 천국에 들어가지 못하리라"(마 5:20).

예수님 당시의 바리새인과 서기관이 보여 준 수준 높은 율법 준수의 모습을 보고 알았던 청중에게 주님의 이 말씀은 얼마나 충격적이었을까요? '바리새인과 서기관의 의보다 더 나은 의가 아니라면 천국에 들어가지 못한다는 말은 결국 아무도 천국에 들어갈 수 없다는 말이 아닌가?' 하고 생각했을 것이 당연합니다.

그들이 가진 문제가 무엇이었을까요? 그들의 문제는 하나님의 율법과 요구를 외면적인 삶에 적용한 것이었습니다. 그들은 열심히 율법을 읽고, 가르치고, 순종했습니다. 그러나 그 모든 행위가 자신들의 부패한 마음을 고칠 수는 없다는 사실은 보려고 하지 않았습니다. 주님은 이렇게 지적하셨습니다.

"듣고 깨달으라 입으로 들어가는 것이 사람을 더럽게 하는 것이 아니라 입에서 나오는 그것이 사람을 더럽게 하는 것이니라 … 입에서 나오는 것들은 마음에서 나오나니 이것이야말로 사람을 더럽게 하느니라 마음에서 나오는 것은 악한 생각과 살인과 간음과 음란과 도둑질과 거짓 증언과 비방이니 이런 것들이 사람을 더럽게 하는 것이요 씻지 않은 손으로 먹는 것은 사람을 더럽게 하지 못하느니라"(마 15:10-11, 18-20).

주님은 당시 유대인의 선생들과 달리 마음의 문제에 율법을 적용하신 것입니다.

이스라엘 백성이 율법에 대해서 이처럼 오해하게 된 배경이 있습니다. 율법은 크게 두 가지 영역에 적용되었는데, 시민 생활에서의 사법적 적용과 영적인 적용이었습니다. 전자는 외적 행위에 주목했지만, 후자는 내면의 동기, 마음을 중요시했습니다. 주님이 지적하셨듯이, 좋은 나무마다 아름다운 열매를 맺고 못된 나무가 나쁜 열매를 맺습니다. 좋은 나무가 나쁜 열매를 맺을 수 없고 못된 나무가 아름다운 열매를 맺을 수 없습니다(마 7:17-18).

율법이 하나님의 온전하심과 같이 온전하라고 요구한다는 것은 자명합니다(마 5:48). 율법은 외적 행위뿐 아니라 마음의 완전함, 열매만이 아니라 뿌리까지의 완전함을 요구합니다. "하나님과 바른 관계를 맺기 위해서는 하나님처럼 완전해야 한다"는 것이 율법의 선언입니다.

이 엄중한 율법의 요구는 내가 어떤 행동을 제대로 했다고 해서 만족시킬 수 있는 것이 결코 아닙니다. 이 사실을 안다면 어떤 율법의 행위로도 결코 자기만족에 이르거나 자기 의의 자리에 이를 수 없다는 것을 알 것입니다. 여기에 이스라엘 백성의 문제가 있었고 바리새인과 서기관의 문제가 있었습니다. 그들은 율법을 지키려고 애를 쓰고 노력했지만, 하나님의 의를 모르고 자기 의를 세우려고 힘써 하나님의 의에 복종하지 않는 결과만을 초래하게 되었던 것입니다. 즉 그들의 율법 순종의 노력은 의지의 산물이었다고 말할 수는 있겠지만, 믿음의 순종이었다고는 할 수 없는 것입니다. 결국 이스라엘 백성은 자신들의 의지를 신앙으로 여기는 잘못을 범했던 것입니다.

자기 의(self-righteousness)란?

겸비함으로 복음 안에 나타난 그리스도의 의를

전적으로 의지하지 않고 자기 행위, 자기 공로,

자기 잘남을 의지하고 자랑하는 태도

이와 유사한 일들이 오늘날 교회에서, 그리고 우리 안에서는 일어나지 않습니까? 자기만족에 이르고 자기 의를 세우는 일이 한국 교회 안에 너무나 많이 일어나고 있습니다. 자기 의에 굶주린 우리 안의 죄성은 하나님을 사랑하고 이웃을 사랑하는 모든 행위에서 자기만족에 이르기를 원합니다.

도대체 우리는 얼마나 사랑해야 참으로 하나님과 사람을 사랑해야 할 만큼 사랑했다고 생각할 수 있을까요? 얼마나 사랑하면 우리는 자기만족감에 도달할 수 있을까요? 얼마나 사랑하면 율법의 완전한 요구를 만족시켰다는 생각에 이를 수 있겠습니까? 이에 대한 성경의 대답은 명확합니다.

"그러므로 율법의 행위로 그의 앞에 의롭다 하심을 얻을 육체가 없나니"(롬 3:20).

○
율법은 지켜서 구원받으라고 주어진 것이 아니라
우리의 실패를 드러내기 위해서 주어졌다

이와 같이 율법의 궁극적인 요구가 하나님의 온전하심이라면, 율법은 지켜서 구원받으라고 주어진 것이 아니라는 사실이 분명해집니다. 그렇다고 율법이 사람의 자기 개선 수단으로 주어진 것도 아닙니다. 율법은 형벌을 두려워해서 어떤 일을 하지 못하게 할 수는 있을지라도(이것이 존 칼빈이 말한 율법의 제2용법입니다) 사람의 마음을 변화시키는 능력은 없기 때문입니다. 겉을 바꿀 수는 있을지라도 속을 바꿀 능력은 없는 것이 율법의 한계입니다.

그렇다면 율법이 주어진 이유는 무엇입니까? 율법은 인간에게 "너 자신을 알라"는 메시지를 주고, 자신의 실체를 보여 주려는 의도로 주어진 것입니다. 이것은 존 칼빈이 말한 율법의 제1용법입니다. 율법은 아무도 우리에게 말해 주지 않는 우리 자신의 더럽고 부패한 실체를 정직하고 적나라하게 보여 주는, 가장 정확하게 비추어 주는 거울입니다.

그러나 우리는 율법이 거룩하고, 의롭고, 선하고, 신령한 하나님의 말씀이라는 사실을 언제나 기억해야 합니다(롬 7:12). 하나님이 율법을 통해 우리를 허무시는 것은 우리를 세우시기 위해서입니다. 율법은 우리가 누구인지를 알게 하고, 좌절하게 하고, 때로는 우리를 난도질해서 숨을 곳이 없게 하고, '내가 어떻게 이런 존재로 살아갈 수 있는가?' 하는 생각을 하게 만듭니다. 그러므로 우리는 율법을 통해서 자신을 봄으로써 자신의 실패를 인정하고 절망하게 됩니다.

하나님은 율법의 거울을 정확히 대면하지 않고 숨으려는 우리를 그 거울 앞에 세우시려고 고난을 주기도 하십니다. 고난의 상황에 들어갈 때 율법이 비추어 주는 자신의 실상을 부인할 수 없게 되기 때문입니다. 고난은 우리를 멋있게 보이도록 치장해 준 교양, 지식, 체면 등 모든 것을 벗겨 내고 우리의 실상을 드러내는 역할을 합니다.

"기록된 바 의인은 없나니 하나도 없으며 깨닫는 자도 없고 하나님을 찾는 자도 없고 다 치우쳐 함께 무익하게 되고 선을 행하는 자는 없나니 하나도 없도다 그들의 목구멍은 열린 무덤이요 그 혀로는 속임을 일삼으며 그 입술에는 독사의 독이 있고 그 입에는 저주와 악독이 가득하고 그 발은 피 흘리는 데 빠른지라 파멸과 고생이 그 길에 있어 평강의 길을 알지 못하였고 그들의 눈 앞에 하나님을 두려워함이 없느니라 함과 같으니라"(롬 3:10-18).

바울 사도가 성령의 영감으로 기록한 이 말씀은 특정 시대의 특정인을 향한 것이 아닙니다. 모든 시대의 모든 사람, 바로 아담의 후손인 우리 자신의 영적 실상을 율법이 드러내는 대로 정직하게 쓴 것입니다. 이 말씀이 자신에 대한 묘사라고 여겨진다면 당신은 율법을 제대로 아는 사람입니다. 그러나 이 묘사가 좀 심하고 부적절하다고 여겨진다면 당신은 복음은 물론 율법도 알지 못하는 사람일 것입니다.

우리는 하나님의 첫 번째 계시인 율법이 우리의 실상, 곧 우리의 실패와 절망을 드러내는 것이 하나님의 두 번째 계시인 복음을 믿게 하는 최적의 준비라는 사실을 기억해야 합니다. 우리는 율법을 통해서 복음으로 인도함을 받습니다.

○

복음: 그리스도께서 나를 대신해서
율법의 모든 요구를 다 성취하셨다

"미쁘다 모든 사람이 받을 만한 이 말이여 그리스도 예수께서 죄인을 구원하시려고 세상에 임하셨다 하였도다 죄인 중에 내가 괴수니라"(딤전 1:15).

모든 사람이 받을 만한 믿음직한 좋은 소식인 복음이 여기 있습니다. 복음은 그리스도 예수께서 죄인을 구원하려고 세상에 오셨다는 소식입니다. 그러나 이 소식은 율법을 통해 자신이 '죄인 중에 괴수'라는 사실을 알고 인정하는 사람에게 임합니다.

율법이 요구하는 완전함은 우리가 성취한 것이 아니라 그리스도께서 우리를 대신해서 성취해 주셨습니다. 하나님과 화목하고 하나님과 완전한 자유 속에서 사귐의 관계를 누릴 수 있게 하는 완전한 의로움이 그리스도께로부터 하나님의 은혜로, 믿는 모든 사람에게 전가되어 신자들의 완전한 의로움으로 선언되는 것입니다.

신앙은 의지가 아닙니다. 신앙은 신앙입니다. 율법과 복음을 혼동하면 의지로 신앙생활을 하려는 유혹에 쉽게 빠지게 됩니다. 즉 주 예수 그리스도께서 나를 대신해서 다 성취하신 율법의 요구를 내가 내 순종과 의지의 노력으로 다시 채우려고 함으로써 자기 의를 쌓게 되는 것입니다.

오해하지 마십시오. 의지가 나쁘다는 말이 아닙니다. 주를 위한 의지, 헌신, 봉사, 노력, 땀이 자기 의, 즉 '나는 괜찮은 사람인데 저 사람들은 왜 저렇지?'라는 생각으로 향하게 되면 결국 우리의 의지가 신앙을 대치하고 복음을 대신하게 된다는 의미입니다. 하나님이 그리스도 안에서 우리를 위해 이루신 구원을 신뢰하지 않은 채 나의 의로움으로 하나님 앞에 서 보겠다는 태도는 하나님이 그리스도 안에서 이루신 일을 경멸하는 것입니다. 그렇기 때문에 하나님이 가장 미워하시고 싫어하시는 것이 자기 의입니다. 율법과 복음을 혼동하면 자기 의를 쌓아 가는 종교 생활에서 벗어날 수 없게 됩니다.

우리가 얼마나 자기 의로 향하기 쉬운 사람들인지 알아야 합니다. 우리의 본성은 율법적이고 인과율에 의해 작동됩니다. 그러나 복음은 우리 안에서 어떤 원인이나 선함도 찾을 수 없지만, 하나님이 우리 안에 있는 어떤 선함이나 의지의 노력에 대한 보상으로서가 아니라 원인 없는 은혜로 구원을 베풀어 주신 것입니다. 그러므로 우리가 복음을 깨닫고 복음의 은혜 안으로 들어가는 삶을 은혜 안에서 지속적으로 살아가는 것은 늘 우리의 본성을 거스르는 일이 되는 것입니다. 그리고 이 일에 익숙해져 가는 것이 복음의 은혜에 의해 믿음으로 살아가는 신앙생활의 요체입니다.

그러므로 율법을 바른 용도로 사용하는 것이 우리의 신앙생활에 매우 중요합니다. 율법은 우리가 무엇인가를 할 수 있다는 생각, 우리가 스스로 만족할 수 있는 자기 의에 이르는 일을 허락하지 않고 좌절시킵니다. 율법의 요구를 만족시킬 수 없는 자신을 보게 합니다. 사람은 율법을 통해 자신의 처절함을 보지 않고서는 그리스도의 십자가 앞에 나아올 수 없고, 나아오지도 않기 때문입니다. 그래서 율법이 필요합니다.

율법은 죄인의 자존심, 자신감, 자기 의를 상처 내고 갈가리 찢어 냄으로써 죄인을 복음으로 인도합니다. 율법의 이러한 기능을 가볍게 생각하지 마십시오. 이 율법의 기능이 우리를 값싼 은혜에 빠지지 않도록 지켜 줄 것입니다.

복음은 율법의 완전함에 대한 요구를 그리스도께서 우리를 위해서 다 성취하셨다고 말합니다. 주님은 "내가 너를 위해서 다 이루었다. 그래서 너는 살 것이다"라고 말씀하십니다. 주님이 율법을 폐하러 온 것이 아니라 성취하러 왔다고 하신 말씀이 이를 잘 보여 줍니다(마 5:17).

주님이 우리가 이룰 수 없는 율법의 완전함에 대한 요구를 성취하셨습니다. 그리고 그리스도를 믿는 자들에게 당신이 이룬 율법의 의를 거저 주십니다. 이것이 '믿음으로 말미암아 의롭다 하심을 얻는' 이신칭의의 영광스러운 교리입니다.

마르틴 루터는 율법을 매우 잘 알았던 사람입니다. 그래서 그는 성경에서 '하나님의 의'라는 말을 접하기만 해도 두려웠습니다. 율법이 완전한 의로움을 요구한다는 것을 잘 알았기 때문입니다. 하지만 마르틴 루터에게 복음은 아직 들리지 않았습니다. 그가 살던 중세 말은 교회에서 복음이 가려진 시대였기 때문입니다.

마르틴 루터는 하나님 앞에 받아들여질 수 있는 의로움은 율법의 행위로 자기가 성취할 수 있는 것이 아니라는 사실을 알게 되었습니다. 율법과 상관없이, 자기가 율법을 성취하는 것과 무관하게 예수 그리스도께서 자신을 대신해서 율법이 요구하는 하나님의 의를 성취해 주셨다는 사실과 함께 그리스도의 완전한 의가 모든 믿는 자에게 거저 주어진다는 것을 깨달았습니다.

"이제는 율법 외에 하나님의 한 의가 나타났으니 율법과 선지자들에게 증거를 받은 것이라"(롬 3:21).

마르틴 루터는 하나님의 두 번째 계시인 복음을 들은 것입니다. 그가 이미 율법을 제대로 들었기 때문에 복음은 그에게 '믿을 만한 매우 좋은 소식'이 되었습니다. 그는 율법을 통해 자신이 '죄인 중에 괴수'라는 사실을 알고 있었기 때문입니다.

이처럼 율법과 복음을 깨달은 사건은 단지 마르틴 루터라는 한 사람만의 인생을 바꾼 전환점이 아니라, 인류 역사를 뒤바꾼 종교개혁의 시발점이 되었습니다. 마르틴 루터는 복음 안에서 처음으로 자유를 얻었고 누렸습니다. 복음이 그에게 준 자유는 하나님처럼 온전해지라는 율법의 요구로부터의 자유였습니다.

주님이 우리를 대신해서 율법의 요구를 이루셨습니다. 주님은 십자가에서 "다 이루었다"(요 19:30)고 선언하셨고 우리를 의롭다 하시기 위해 죽은 자 가운데서 살아나셨습니다(롬 4:25). 바울 사도는 에베소서에서 우리가 받은 구원을 이렇게 설명합니다.

"너희는 그 은혜에 의하여 믿음으로 말미암아 구원을 받았으니 이것은 너희에게서 난 것이 아니요 하나님의 선물이라 행위에서 난 것이 아니니 이는 누구든지 자랑하지 못하게 함이라"(엡 2:8-9).

복음은 요구나 명령이 아닙니다. 복음은 그리스도께서 모든 것을 다 이루셨기에 우리가 살게 되었다고 선언합니다. 이것이 복음의 문장 구조이고 논리입니다. 복음은 우리가 할 행동이 아니라 믿어야 할 사실이며 하나님의 약속입니다.

O

굳건하게 서서
종의 멍에를 메지 말라

기독교는 전적으로 내가 한 일에 근거하지 않고 그리스도께서 하신 일, 더 정확하게는 그리스도께서 나를 대신해서 하신 일에 근거합니다. 내가 하나님과 더 가까워지고, 내가 하나님께 더 사랑받는 관계 속에 들어가는 것은 내가 열심히 예배드리고, 성경 읽고, 기도하고, 봉사함에 달려 있지 않습니다. 그 모든 것은 오직 그리스도께서 십자가에서 이루신 일, 즉 복음에 달려 있습니다.

우리는 선한 행위와 의지의 노력으로 하나님의 사랑을 더 받아 내지 않습니다. 성도는 이미 그리스도께서 이루신 일 때문에 하나님의 은혜와 사랑을 변함없이 조건 없이 받아 누리는 존재이기 때문입니다. 율법주의가 우리의 영혼을 자기만족과 자기 의를 추구하는 종교적 속박으로 인도한다면, 복음은, 믿는 우리를 자유와 평안, 기쁨과 안식으로 인도합니다.

바울 사도는 복음의 자유를 누리지 못하도록 갈라디아 성도들을 다시 율법의 멍에 아래로 끌고 가는 거짓 교사들에 맞서 갈라디아서를 쓰면서 이렇게 권면했습니다.

"그리스도께서 우리를 자유롭게 하려고 자유를 주셨으니 그러므로 굳건하게 서서 다시는 종의 멍에를 메지 말라"(갈 5:1).

우리의 본성과 양심은 우리를 늘 율법의 윤리적 조건 아래로 끌고 가서 우리를 속박하려고 합니다. 그리고 자기 의에 대한 값싼 만족을 추구하게 함으로써 우리를 기만합니다. 이것이 바로 율법의 멍에, 곧 종의 멍에 아래 사는 삶입니다.

기독교 복음은 우리의 의, 우리 자신이 행한 알량한 선함에 기초하지 않습니다. 그런 것은 하나님 앞에서는 더러운 누더기일 뿐입니다(사 64:6). 사실 율법과 복음의 관계를 생각해 볼 때 신자는 성공과 성취를 통해서보다도 그가 겪는 실패를 통해서 오히려 많이 성장합니다. 성공과 성취는 늘 우리를 우쭐하게 만들지만, 실패는 율법 앞에서의 우리의 실상을 더 잘 보게 하기 때문입니다. 이렇게 복음의 은혜 안에서 살아갈 때 그리스도인은 자신의 행위와 실력이 아니라 그리스도를 전보다 점점 더 많이 의지하게 됩니다. 우리는 이 놀라운 방법에 점점 더 익숙해져야 합니다.

우리는 세월이 흐를수록 점점 더 완고한 자기 의의 포로가 되어 가는 것이 아니라, 주님이 우리를 대신해서 율법의 요구를 성취하신 일이 얼마나 큰 은혜인지를 더 많이 알고, 느끼고, 맛보는 자리로 가야 합니다. 이렇게 우리는 속박에서 자유로 가는 여정을 가야 합니다. 그 여정을 걷노라면 주님을 더욱 사랑하게 되는 자신, 주님께 자신의 삶을 더욱 온전하게 드리고 싶은 자신을 보게 될 것입니다. 이것은 의지가 아니라 은혜로써 믿음이 하는 일입니다.

당신은 가상 인물 A장로처럼 신앙생활을 만족스럽게 잘해 왔다고 생각하고 있습니까? 우리가 영적 모범생이 되어 갈수록 점점 더 하나님에게서 멀어질 수 있다는 무서운 사실을 인식한 적이 있습니까? 신앙은 내가 한 일 위에서 자라지 않습니다.

B집사의 모습에서 자신을 보지는 않습니까? 우리의 실패와 좌절은 주님이 우리를 위해 이루신 의를 의지하게 해야 합니다. 우리의 잘남과 의지로 하나님 앞에서 의롭다 하심을 받지 않는다는 것을 기억하십시오. 신앙은 예수 그리스도께서 나를 대신해서 행하신 일 위에서 점점 더 그분을 사랑하고 신뢰하는 가운데 성장하는 것입니다.

율법과 복음을 혼동하는 한, 우리는 복음의 자유에 이를 수 없고 그 은혜를 누리고 살아갈 수 없습니다. 율법과 복음을 바르게 구분해 복음을 깨닫는 데서, 율법의 속박에서 복음의 자유로 가는 여정은 시작됩니다.

| **확신 노트** |

1. 기독교 신앙의 가장 근본적인 장애는 율법과 복음의 혼동이다.

2. 율법과 복음을 혼동할 때 발생하는 문제는 '신앙은 나 하기에 달려 있다'는 잘못된 생각, 즉 이미 그리스도께서 온전히 성취하신 율법의 요구를 스스로 성취하기 위해 노력(자기 의)하는 것이다.

3. 자기 의란?
   겸비함으로 복음 안에 나타난 그리스도의 의를 전적으로 의지하지 않고 자기 행위, 자기 공로, 자기 잘남을 의지하고 자랑하는 태도

4. 율법이란 무엇인가?
   · "이렇게 행하라. 그러면 살리라"(if/then).
   · 축복과 저주가 나의 순종(행위)에 달림
   · 명령: 우리가 행해야 할 내용
   · 율법은 우리에게 하나님의 완전하심을 요구함, 행위뿐 아니라 마음의 완전함까지 요구함, 율법은 우리가 스스로 누구인지 알게 함, 우리를 온전히 세우기 위해 먼저 허물어 버림

5. 복음이란 무엇인가?
   · "내가 너를 위해서 다 했다. 그러므로 너는 살 것이다"(because/therefore).
   · 축복과 저주가 예수 그리스도의 죽으심과 순종에 달림
   · 약속: 우리가 믿어야 할 내용
   · 복음은 예수님이 택한 백성을 대신해 하나님의 완전한 요구를 다 이루셨다는 사실

6. 존 칼빈이 말한 율법의 3가지 용법
   · 율법의 제1용법: 죄인을 정죄함으로써 복음으로 나아가게 하는 기능
   · 율법의 제2용법: 죄와 악행을 억제시키는 기능

· 율법의 제3용법: 하나님의 뜻을 가르치며 권고하는 기능

7. 율법과 복음을 혼동하지 않고 명확히 알 때 우리는 자기 의가 아닌 오직 하나님의 은혜로 살아가는 자유를 누릴 수 있다.

신자의 정체성 이해하기

그런즉 우리가 무슨 말을 하리요
은혜를 더하게 하려고 죄에 거하겠느냐
그럴 수 없느니라
죄에 대하여 죽은 우리가 어떻게 그 가운데 더 살리요
롬 6:1-2

1장에서 우리는 율법과 복음을 선명하게 구분하는 주제를 다루었습니다. 율법과 복음을 구분함으로써 복음을 바르게 이해하지 못한다면 우리의 신앙은 총체적으로 문제를 안게 됩니다. 기쁨도, 평안도, 자유함도 없습니다. 물론 그 신앙은 성장할 수 없습니다. 하나님을 사랑한다고 생각하겠지만, 진정한 사랑이 어렵습니다. 형제에 대한 사랑도 마찬가지입니다.

이제 2장에서 우리가 다루려고 하는 것은 신자의 정체성을 이해하는 문제입니다. 율법과 복음을 제대로 구분할 때 신자의 정체성에 대한 바른 이해가 따라옵니다.

말하자면, 율법과 복음을 혼동하고 있는 상태에서 신자는 그리스도 안에 있는 자신이 어떤 존재인지를 결코 제대로 알 수 없습니다. 이 말은 신자로서 그가 싸워야 하는 영적 전쟁의 본질을 이해할 수 없고, 제대로 싸울 수도 없다는 의미입니다. 그래서 율법과 복음을 구분하는 지식 위에서 신자의 정체성을 이해하는 것이 2장의 목표입니다.

신자는 누구입니까? 우리는 바울 사도가 다루려고 했던 반론으로 가서 이 주제를 시작해야 합니다. "당신 말대로라면 은혜를 더하게 하려고 죄에 거해야겠군요"(롬 6:1 참조). 바울 사도는 로마서 6장 2절에서 단호하게 "그럴 수 없느니라"라고 대답합니다. 그 이유는 우리는 죄에 대하여 죽었기 때문이라는 것입니다. "죄에 대하여 죽은 우리가 어찌 그 가운데 더 살리요"(롬 6:2).

O

죄에 대하여 죽은 자(롬 6:2)

바울 사도가 말하는 '죄에 대하여 죽은 우리'는 누구를 가리킵니까? 여기서 '우리'는 바울 자신을 포함한 로마 교회 신자들을 의미합니다. 그러면 '신자는 죄에 대하여 죽었다'라는 말이 무슨 뜻입니까? 이 말씀에 대한 3가지 주요 오해들을 먼저 다루는 것이 좋겠습니다.

완전주의가 아니다(요일 3:9)

첫 번째 오해는 '신자는 죄에 대하여 죽었다'라는 말을 어느 경지에 도달한 신자는 더 이상 죄를 짓지 않는 수준에 오른다는 말로 잘못 이해하는 것입니다. 비상한 은혜를 받았다거나 어느 정도의 수준에 오른 신자는 죄를 짓지 않는다는 주장을 '완전주의'

라고 부릅니다. 완전주의는 교회 역사 속에서 더러 나타났던, 건전하지 못한 가르침입니다. 완전주의자들은 요한일서 3장 9절을 근거로 바울 사도의 말을 해석해 신자의 마음과 몸이 죄의 영향에서 완전히 자유하게 되어 죄를 전혀 짓지 않는 수준에 이를 수 있다고 주장했습니다.

"하나님께로부터 난 자마다 죄를 짓지 아니하나니 이는 하나님의 씨가 그의 속에 거함이요 그도 범죄하지 못하는 것은 하나님께로부터 났음이라."

그런데 이 구절에서 '죄를 짓는다'라는 동사의 헬라어 시제를 살려서 번역하면, '습관적으로 죄를 짓는다', '죄 속에서 산다', '죄를 짓는 것이 삶의 경향이다'라고 할 수 있습니다. 그러니까 이 말씀은 거듭난 하나님의 자녀는 습관적으로 죄를 짓지 않을 뿐 아니라 그렇게 할 수도 없다는 뜻입니다. 그러므로 '신자는 죄에 대하여 죽었다'라는 바울 사도의 말은 죄를 짓지 않는 완전한 상태가 되었다는 의미가 아닌 것입니다.

죄에 대하여 죽으라는 명령이 아니다

'신자는 죄에 대하여 죽었다'라는 말을 오해한 두 번째 해석은 신자가 깊은 영적 생활을 하려면 "죄에 대하여 죽으라"라는 명령에 순종해 살아야 한다는 것입니다. 그러나 이 말씀은 죄에 대하여 죽으라는 명령이 아닙니다. "신자는 이미 죄에 대하여 죽은 사람이다"라는 선언입니다. 이미 죽은 사람은 다시 죽을 수 없습니다. '죄에 대하여 죽은 우리'라는 말은 율법의 명령이 아니라 믿어야 할 복음으로 제시된 것입니다.

만약 이 말씀을 명령으로 이해하게 되면 로마서 6장 2절 이하에 이어지는 모든 말씀을 바르게 해석할 수가 없습니다. 왜냐하면 3-11절은 명령이 아니라 사실만을 진술하고 있는 본문이기 때문입니다.

물론 그리스도인으로 살아간다는 것은 매일 죄와 싸우는 싸움이고 잘 싸워서 이겨야 하는 삶입니다. 하지만 이 말씀은 명령이 아닙니다. 신자는 이 싸움에서 이기기도 하고 지기도 합니다. 그러나 우리의 싸움의 승패 여하에 구원이 달려 있지 않습니다. 신자의 구원은 예수 그리스도의 십자가 죽으심 안에서 완전하게 확보되었고, 어떤 것으로도 빼앗길 수 없는 보장이기 때문입니다. 말하자면, 주님이 전쟁에서 결정적으로 이기셨기에 우리가 싸우는 전투들의 결과가 그 전쟁의 결정적 승리를 뒤집을 수 없는 것입니다.

만일 우리의 구원과 영적 생활의 은혜가 우리 자신의 싸움의 승패에 달린 문제라면 신자는 복음 안에서 안식을 누리는 대신에 불안과 자책과 죄책 가운데서 살아갈 수밖에 없을 것입니다.

그러나 자비하신 하나님은 당신의 자녀들이 그렇게 살아가도록 허락하시지 않았습니다. '신자는 죄에 대하여 죽었다'라는 말은 선언입니다. 죄에 대하여 죽고 또 죽으라는 율법의 명령이 아닙니다.

체험이 아니다

그렇다면 '신자는 죄에 대하여 죽었다'라는 말은 무슨 뜻입니까? 우리는 이렇게 자문할 수 있습니다. "신자인 나는 죄에 대하여 죽은 적이 있는가? 그런 일이 일어났는가?" 자신의 체험의 수준에서 던지는 질문입니다. 이것이 많은 그리스도인이 오해하고 실수하는 세 번째 해석입니다.

로마서 6장의 문맥을 보면, 바울 사도는 로마서 6장 2절을 감싸고 있는 1-11절 어디에서도 신자의 체험에 관해서는 말하고 있지 않습니다. 바울 사도는 신자의 체험 대신 그리스도께서 행하신 일, 그리스도 안에서 신자에게 일어난 일을 객관적 수준에서 말하고 있습니다. '신자는 죄에 대하여 죽었다'라는 말은 어떤 상태나 체험이 아니라 그리스도 안에서 신자에게 이미 일어난, 변경될 수 없는 사건을 의미합니다. 신자의 체험이 아니라 일어난 사실을 말한 것입니다.

내가 느끼지 못했다고 해서 어떤 일이 일어나지 않은 것은 아닙니다. 신자는 여전히 죄에 넘어지고 실패하는 경험을 하며 삽니다. 그러나 성경은 그럼에도 불구하고 예수님을 믿는 신자를 향해 '너는 죄에 대하여 죽은 자'라는 사실을 말해 줍니다. 이 사실이 복음의 객관적 내용입니다.

신앙이 바르게 성장하려면 복음을 들어야 합니다. 적지 않은 참된 신자들이 '내가 주님을 얼마나 사랑하는가? 나는 왜 주님을 사랑하지 못하는가?'라고 생각하며 자책합니다. 그런데 우리는 '내가 주님을 얼마나 사랑하는가?'보다 '주님이 나를 얼마나 사랑하시는가?'에 초점을 맞추어야 합니다. 이것이 복음입니다. 주님의 십자가에 나타난 하나님의 사랑을 주목할 때 내 속에서 하나님을 향한 사랑이 흘러나오는 것을 경험하게 됩니다.

신앙이 성숙해지려면 "하나님이 예수 그리스도 안에서 너를 위해 모든 것을 다 이루셨다"라는 직설법, 즉 복음에 주목해야 합니다. 그렇지 않고 명령법, 즉 "이렇게 살라. 그러면 하나님이 너를 축복하실 것이다"라는 율법의 메시지를 반복해서 듣는 것으로는 우리의 신앙이 자라지 않습니다. 우리의 신앙은 오직 복음을 통해서 은혜를 받고, 자유를 누리고, 기쁨으로 순종함으로써 바르게 성장할 수 있습니다. 신앙은 의지의 순종이 아니라 믿음의 순종으로 자랍니다.

그리스도와 연합한 자

'신자는 죄에 대하여 죽은 자'라는 것이 신자의 정체성에 대한 첫 번째 대답이었다면, 두 번째 대답은 '신자는 그리스도와 연합한 자'라는 것입니다.

로마서 6장 3-11절은 '신자는 죄에 대하여 죽었다'라는 말을 설명하는 내용입니다. 바울 사도는 이것을 '그리스도와의 연합'(Union with Christ)이라는 개념으로 설명합니다. 예수 그리스도를 믿음으로 세례를 받은 신자의 신분은 예수 그리스도와 연합한 자가 됩니다. 그리고 신자의 믿음을 인 치는 세례는 신자가 그리스도와 연합되었음을 선언하는 의식입니다.

"무릇 그리스도 예수와 합하여 세례를 받은 우리는 그의 죽으심과 합하여 세례를 받은 줄을 알지 못하느냐 그러므로 우리가 그의 죽으심과 합하여 세례를 받음으로 그와 함께 장사되었나니 이는 아버지의 영광으로 말미암아 그리스도를 죽은 자 가운데서 살리심과 같이 우리로 또한 새 생명 가운데서 행하게 하려 함이라 만일 우리가 그의 죽으심과 같은 모양으로 연합한 자가 되었으면 또한 그의 부활과 같은 모양으로 연합한 자도 되리라 우리가 알거니와 우리의 옛 사람이 예수와 함께 십자가에 못 박한 것은 죄의 몸이 죽어 다시는 우리가 죄에게 종노릇하지 아니하려 함이니"(롬 6:3-6).

성경에서 '그리스도와 연합했다'라는 말은 '그리스도와 하나되어서 그리스도께 일어난 일이 곧 신자에게 일어난 일이 되었다'라는 뜻입니다. 즉 옛 사람은 그리스도와 함께 죽었고 새사람인 신자는 그리스도의 모든 권리를 공유하게 된 것을 의미합니다. 이 말은 하나님 아버지께서 신자를 보실 때 그리스도와 연합한 사람으로 여기신다는 것이고, 더 이상 죄인을 보듯 보시지 않고 그리스도를 바라보듯 그 동일한 관점과 시각으로 보신다는 것입니다. 죄를 전혀 짓지 않은 존재처럼, 죄를 전혀 알지도 못하는 존재처럼, 영광스러운 존재처럼, 즉 성자 예수님을 보는 것처럼 보시는 것입니다. 믿기에는 너무나 좋은 소식, 이것이 복음입니다.

바울 사도의 설명을 좀 더 살펴보면 다음과 같습니다. 먼저, 신자는 그리스도의 죽으심과 연합합니다(롬 6:3, 4, 5, 6, 8). 그리스도의 죽으심이 바로 신자 자신의 죽음이라는 말입니다. 다시 말하지만, 이것은 경험이 아니라 사실입니다. 이것은 바울 사도가 갈라디아서 2장 20절에서 "내가 그리스도와 함께 십자가에 못 박혔나니"라고 말한 것과 같은 사실입니다.

그리고 신자는 그리스도와 연합해 장사된 자입니다(롬 6:4). '장사되었다'라는 말은 완전한 죽음을 확정하는 표현입니다. 신자는 그리스도와 함께 완전히 죽어 장사된 자입니다.

또 신자는 그리스도의 부활과도 연합한 자입니다(롬 6:4, 5, 8). 그리스도의 부활 안에서 신자도 부활한 것입니다. 이것은 단순히 미래에 부활이 있을 것이라는 소망을 넘어 "신자는 이미 그리스도와 함께 살아난 자다"라고 선언한 것입니다. 바울 사도는 에베소서 2장 4절 이하에서 이렇게 말합니다.

"긍휼이 풍성하신 하나님이 우리를 사랑하신 그 큰 사랑을 인하여 허물로 죽은 우리를 그리스도와 함께 살리셨고 (너희는 은혜로 구원을 받은 것이라) 또 함께 일으키사 그리스도 예수 안에서 함께 하늘에 앉히시니"(엡 2:4-6).

여기서 동사들, 즉 '살리셨고', '일으키사', '앉히시니'는 그 시제가 우리말 성경으로는 분명하게 드러나지 않습니다. 하지만 헬라어로 보면, 이 동사들은 모두 과거시제가 사용되었습니다. 바울 사도는 신자가 그리스도와 함께 죽었고, 부활했으며, 심지어 그리스도께서 승천하사 하늘 보좌에 앉으신 것과 같이 그리스도와 함께 하늘 보좌에 앉은 존재라고 선언한 것입니다.

이것이 그리스도와의 연합 교리가 설명하는 감당할 수 없을 만큼 영광스러운 부분입니다. 하나님이 보실 때 그리스도께 일어난 일이 그리스도와 연합한 신자에게도 똑같이 일어났다는 것입니다. 이 연합은 믿음으로 이루어집니다. 하나님이 그리스도 예수 안에서 나를 위해 행하신 일, 즉 복음을 믿음으로 그분과 연합하는 하나님의 은혜를 입게 됩니다. 이것이 성경이 설명하는 구원의 논리를 따라가는 방식입니다.

또한 이것은 신자의 체험 이전에, 신자가 믿고 세례를 받을 때 하나님 앞에서 사실적으로 일어나는 사건입니다. 성경이 우리를 포함한 모든 인류가 아담 안에서 죄를 지었다고 말할 때 우리는 그것을 느끼거나 체험하지는 못합니다. 우리는 원죄를 경험적으로는 알지 못합니다. 하지만 성경이 원죄를 가르치기 때문에 그것을 사실로 믿고 받아들입니다. 바울 사도는 복음의 영광스러운 교리 역시 이와 같이 믿어야 할 사실로 제시합니다. 이 복음의 사실이 성령의 중생 역사로 말미암아 믿어질 때 그것을 경험하는 자리에 이르게 되고, 나아가서 더 분명한 확신에 이르게 됩니다. 우리 모두가 이런 확신에 이르기를 바랍니다.

○

그리스도와의 연합의 목적

여기서 한 가지 질문이 생깁니다. "신자가 그리스도와 연합하게

하시는 하나님의 목적은 무엇일까요?" 그리스도와의 연합의 일
차적 목적은 '우리가 새 생명 가운데서 살게 하려는 것'입니다.
바울 사도는 로마서 6장 4절에서 "우리로 또한 새 생명 가운데
서 행하게 하려 함이라"라고 말합니다. 그렇다면 여기서 '새 생
명'은 무엇을 가리키며, '새 생명 가운데 사는 삶'은 무엇입니
까? 새 생명은 한마디로 부활 후의 생명을 말합니다.

새 생명 = 부활 생명

그리스도께서는 육신을 입고 이 땅에 오실 때 여자에게서 나
셨고 율법 아래에서 나셨습니다(갈 4:4). 주님은 재림 때에는 죄
와 상관없이 오실 것이지만(히 9:28), 초림 때는 죄와 관련해서 오
셨습니다. 이 말은 예수님이 죄를 가지셨다는 의미가 아니라 죄
를 처리하시기 위해서 죄와의 일정한 관계 속에서 오셨다는 의
미입니다. 그때 주님은 우리와 같은 연약한 인성을 가지셨고, 유
혹도 받으셨습니다.

하지만 부활하신 뒤에는 더 이상 율법 아래 계시지 않았고, 더
이상 썩어질 육체 가운데 거하지도 않으셨습니다. 그리스도께
서는 부활하심으로써 그전에 취하셨던 죄와 율법에 대한 모든
잠정적인 관계, 우리의 구원을 위해서 들어오셨던 그 조건을 완

전히 끝내셨습니다. 주님은 기도하셨던 대로 성부 하나님과 누리셨던 원래의 완전히 영광스러운 관계로 다시 돌아가셨습니다 (요 17:5).

그렇다면 로마서 6장 5절에서 '신자가 그리스도의 부활에 연합한 자가 되었다'라는 말은 신자도 그리스도와 같이 새롭고 영광스러운 영역으로 이미 들어갔다는 것이고, 하늘에 속한 자가 되었다는 뜻입니다. 바울 사도는 그것을 '새 생명 가운데 행한다'라고 표현합니다.

바울 사도는 새 생명 가운데 행하는 것을 두 가지로 설명합니다. 로마서 6장 11절에서처럼, 하나는 '죄에 대하여 죽는 것'이고, 또 하나는 '하나님께 대하여 사는 것'입니다. 신자는 부활하고 승천하신 그리스도처럼 이미 죄에 대하여 죽었고, 하나님께 대하여 살아난 자입니다. '하나님께 대하여 사는 것'이라는 말은 부활 후 그리스도께서 성부 하나님과 완전히 영광스러운 교제속에 들어가 영광 중에 거하시는 삶을 가리킵니다.

"이와 같이 너희도 너희 자신을 죄에 대하여는 죽은 자요 그리스도 예수 안에서 하나님께 대하여는 살아 있는 자로 여길지어다"(롬 6:11).

이 말은 일종의 권면입니다. '여기라'라는 말은 심리적으로 설득하거나 자기 최면을 걸라는 의미가 아닙니다. 그 일이 이미 그리스도 안에서, 그리스도의 죽으심과 부활 안에서 신자에게 일어났으니 그렇게 여기라는 것입니다. 이것은 죄에 대하여 죽으라거나 하나님께 대하여 살기 위해 애쓰라는 명령이 아닙니다. 그리스도 안에서 이미 그렇게 되었으니 그것을 알고 믿으라는 것입니다.

　사실 이것은 신자의 체험이나 느낌을 말하는 것이 아닙니다. 신자도 현실적으로 죄를 짓습니다. 그러나 "여기라"라는 권면은 아브라함이 "백 세나 되어 자기 몸이 죽은 것 같고 사라의 태가 죽은 것 같음을 알고도 믿음이 약하여지지 아니하고 믿음이 없어 하나님의 약속을 의심하지 않고"(롬 4:19-20) 믿은 것과 같이 믿으라는 말씀입니다.

○
죄는 신자를
주장하지 못한다

이제 우리는 사도 바울이 다루려고 제기한 반론에 대한 대답에 더 가까이 다가설 수 있습니다. "율법과 상관없이 구원을 받는 것이라면, 죄가 더한 곳에 은혜가 더욱 넘치는 것이라면 마음대로 죄를 짓고 살아도 됩니까?"로마서 6장 14절 상반 절에 그 대답이 일차적으로 주어집니다.

"죄가 너희[신자]를 주장하지 못하리니."

죄가 신자를 주장하지 못하는데 어떻게 죄 가운데 살 수 있겠습니까? 그 반론은 말도 안 된다는 것입니다. 죄가 신자를 주장하지 못한다는 것은 그리스도와 연합한 신자에게 변개할 수 없는 명확한 사실입니다. 그리스도께서 신자를 다스리시는데 어떻게 동시에 죄가 신자를 다스릴 수 있습니까? 그리스도께서 십자가에서 죽으신 것이 변할 수 없는 사실인 것처럼, 죄가 신자를 주장할 수 없다는 것도 복음 안에서 변할 수 없는 사실입니다.

죄가 죄에 대하여 죽은 신자를 주장할 수 없는 이유는 신자가 법 아래 있지 않고 은혜 아래 있기 때문입니다. 법이 있어야 죄가 있는데, 신자가 법 아래 있지 않으므로 죄가 신자를 주장할 수 없다는 것입니다.

"이는 너희가 법 아래에 있지 아니하고 은혜 아래에 있음이라"(롬 6:14하).

사람은 율법 아래 있든지, 은혜 아래 있든지 둘 중 하나입니다. 율법 아래 있는 사람은 하나님 앞에서 인정받기 위해 노력하며, 끊임없이 자기 행위와 공로에 의존합니다. 그를 지배하는 것은 율법입니다. 그에게는 쉼이 없습니다. 율법 아래 있는 삶은 앞서 1장의 가상 인물인 A장로와 같이 의지가 강해 율법의 명령들에 대한 순종을 잘 지켜 나가는 소수의 사람들에게는 자만과 자기 의의 열매를 맺게 하겠지만, B집사처럼 의지가 약해 순종하기 힘들어하는 다수의 사람들에게는 절망감을 안겨 줄 뿐 아니라 침체에서 벗어나지 못하도록 얽어매는 족쇄가 됩니다. 결국 모두 다 자기 행위에 의존해 살게 합니다.

그러나 신자는 은혜 아래 살아가는 사람입니다. 그는 자기 행위와 공로에 의존해 하나님의 사랑을 얻어 내려고 하지 않습니다. 비록 그의 영적 삶에는 승리와 패배가 있지만, 그것들에 의존해서 하나님께 나아가지 않습니다. 그는 언제나 그리스도와 연합한 자이며, 하나님이 자신을 그리스도를 보듯 보신다는 것을 압니다. 이 은혜의 영광을 알기에 그는 하나님의 영광과 하나님의 이름을 생각하면서 살아갑니다.

신자는 영광스러운 하나님의 자녀로서의 신분과 지위를 인식하면서 그 영광스러운 자리를 즐거워하고 감사하며 살아가는 사람입니다. 비록 넘어지고 범죄할지라도 그리스도 안에서 자신이 얻은 영광스러운 신분은 변할 수 없는 것임을 그는 압니다. 그러니 은혜 아래의 삶에는 자유와 기쁨, 안식과 평강이 있습니다. 은혜 아래 있는 삶은 하나님이 그리스도 안에서 나를 위해 행하신 일 안에서 만족하며 쉼을 얻는 삶입니다.

신자는 율법 아래 있는 자의 침체와 절망감과 무력감에서 이미 구원을 받은 사람입니다. 그러므로 은혜 아래 있는 신자는 이렇게 고백하며 하나님 앞에 나아옵니다.

"나는 그리스도 안에 있는 새사람으로서 죄에 대하여 죽었으며 죄와는 아무 상관도 없다. 비록 죄가 내 죽을 몸에 남아 있어서 내가 몸 안에 사는 동안에는 죄와 싸워야겠지만 나는 죄의 지배 아래 결코 다시 들어갈 수 없다는 것을 알기에 하나님께 감사한다. 죄가 다시는 나를 주장할 수 없다. 죄는 다시 나의 영혼을 파멸시키지 못한다. 그것은 불가능하다. 죄는 나의 구원과 나의 궁극적 운명에 아무 영향을 미치지 못한다."[4]

구원받은 신자가 가지는 영광이 여기 있습니다. 그리고 신자가 기뻐해야 할 이유도 여기 있습니다. 죄에 대하여 죽고 하나님께 대하여 사는 것이 자신에게 일어난 일임을 알고 누리는 것입니다. 복음은 나의 행함과 상관없이 하나님이 예수님을 통해 우리에게 구원을 허락하신다는 사실입니다.

비록 신자가 죄 가운데 넘어질 수 있을지라도 그의 존재는 하나님의 은혜 아래 있기 때문에 죄가 주장할 수 없으며, 자유라는 이름 아래 마음대로 죄를 짓고 살 수 없습니다. 그것은 불가능합니다. 이것이 "은혜를 더하게 하려고 죄에 거해도 됩니까?"라는 반론에 대한 바울 사도의 대답입니다. 복음을 알았고, 경험했고,

구원의 은혜를 참으로 받은 사람이 과연 죄 가운데 살 수 있을까요? 그것은 불가능하다는 것이 바울 사도의 논리입니다. 진짜 구원받은 신자는 이미 죄에 대하여 죽었고 하나님께 대하여 산 사람이기 때문입니다.

O
그런데 신자는 왜
죄를 짓는가?

이제 우리가 던져야 할 질문은 이것입니다. "죄에 대하여 죽고 하나님께 대하여 살게 되었으며, 법 아래 있지 않고 은혜 아래 있기에 죄가 주장할 수 없게 된 신자가 왜 죄를 짓는가?" 이 논리대로라면, 신자의 정체성이 바울 사도의 말대로라면 신자는 죄를 지을 수 없어야 하는 것이 아닙니까?

우리가 모두 인정하듯이, 신자도 죄를 짓습니다. 그렇다면 신자의 정체성을 생각할 때 신자가 죄를 짓는 현실에 대한 설명이 필요합니다. 우리가 신앙생활을 하면서 정직한 질문을 던지는 것은 중요합니다. 정직한 질문에 정직한 답변이 성경으로부터 주어질 때 우리는 신앙적으로 성장합니다.

신자는 죄를 전혀 짓지 않는다고 배웠고 그렇게 이해하는 사람이 있다고 가정해 봅시다. 물론 그도 죄를 짓습니다. 그러나 그가 이런 오해된 지식에 근거하고 있다면, 그가 선택할 수 있는 한 가지는 자신의 죄를 숨기고 깨끗한 사람인 척하며 스스로도 죄를 짓는 현실을 부인하려는 모습일 것입니다. 그가 위선자가 되는 것은 피할 수 없습니다. 율법주의 성향이 강한 문화는 이런 위선자들을 양산하게 됩니다.

또 다른 면에서는, "죄에 대하여 죽은 내가 이렇게 죄를 짓는 것을 보니 나는 구원받지 못한 사람임이 틀림없어!"라고 섣부른 결론을 내리는 사람도 생길 수 있습니다.

이런 무지와 오해 위에서는 신앙이 자랄 수 없습니다. 그래서 성경적 설명이 절실히 필요합니다. 이제 설명을 시작해 보겠습니다.

〇

신자 자신과 죽을 몸

죄가 신자를 주장하지 못한다(롬 6:14)고 한 바울 사도는 바로 앞에서 "죄가 너희 죽을 몸을 지배하지 못하게 하라"(롬 6:12)고 권면했습니다. 두 논지는 대립되는 것처럼 보입니다. 그러나 대립도, 모순도 아닙니다.

첫 번째 차이는 "죄가 너희 죽을 몸을 지배하지 못하게 하라"라는 말은 명령법으로 쓰였고, "죄가 너희를 주장하지 못한다"라는 말은 직설법으로 쓰였다는 것입니다. 명령법은 율법이고, 직설법은 복음의 언어입니다. 두 번째 차이는 이렇습니다. 죄는 (그리스도와 연합한) 신자 자신을 주장하거나 지배하지 못합니다. 그러나 신자의 '몸'은 죄가 지배할 수도 있습니다. 그러므로 사도 바울은 "죄가 너희를 지배하지 못하게 하라"고 하지 않고 "죄가 너희 죽을 몸을 지배하지 못하게 하라"고 한 것입니다.

너희 = 신자 자신

신자 자신은 믿음으로 그리스도와 연합한 존재입니다. 그리스도 안에서의 정체성은 죄에 대하여 죽고 하나님께 대하여 산 자입니다. 이것은 순종할 명령이 아니라 그리스도 안에서 일어난 복음의 사실입니다. 하지만 신자는 여전히 이 땅에서 썩어질 몸을 입고 살아가는 존재입니다. 사도 바울은 그것을 '죽을 몸'이라고 표현했고(롬 6:12), 앞에서는 '죄의 몸'이라고 말하기도 했습니다(롬 6:6).

O

옛 사람의 죽음

좀 더 논의를 진행하기 위해서 우리는 로마서 6장 6절이 말하는 '옛 사람'이 무엇을 가리키는지 정확히 알 필요가 있습니다.

"우리가 알거니와 우리의 옛 사람이 예수와 함께 십자가에 못 박힌 것은 죄의 몸이 죽어 다시는 우리가 죄에게 종노릇하지 아니 하려 함이니."

먼저, '옛 사람'은 죄성, 육체적 본성, 옛 본성, 정욕을 가리키는 말이 아닙니다. 예수님을 믿기 전 죄인의 상태는 아담과 연합한 사람이었습니다. 자연인으로서의 모든 아담의 후손은 아담과 연합한 자로서 죽음과 율법의 저주 아래 놓여 있었습니다. 그런데 예수 그리스도를 믿음으로 신자는 그리스도와 연합한 자가 됩니다. 이것은 그리스도께서 가지시는 모든 권세와 영광을 동일하게 누릴 수 있게 되었다는 뜻입니다. 뿐만 아니라 하나님은 그리스도와 연합한 신자를 죄를 지은 적조차 없고 죄를 알지도 못하시는 그리스도와 같은 존재로 보십니다. 이것이 그리스도와 연합한 신자의 신분입니다.

반면, '옛 사람'은 아담과 연합한 사람, 아담 안에 있던 사람, 즉 자연인입니다. 옛 사람은 율법 아래 있는 사람이고, 하나님의 진노와 정죄 아래 태어난 사람입니다. 그런데 그 옛 사람이 믿음으로 예수님과 함께 십자가에 못 박혀 죽었습니다. 예수님과 함께 십자가에 못 박힌 것은 '옛 본성'이라고 불리는 우리의 일부가 아니라 회심 이전의 우리 자신, 곧 옛 사람입니다.

옛 사람 = 회심 이전에 아담과 연합한 사람,
율법 아래 있던 사람

이것을 조금 더 설명하기 위해서 이렇게 질문을 던져 보겠습니다. 약 2000년 전 예수님이 골고다 언덕의 십자가에 못 박혀 죽으셨을 때 21세기에 한국에서 예수님을 믿는 우리에게 어떤 일이 일어난 것입니까?

물론 우리 자신은 그때 존재하지도 않았습니다. 그러나 영원하고 전지하신 하나님께서는 21세기 한국에서 예수님을 믿는 우리의 존재는 창세전부터 미리 아신 바 되었고 택하신 바 되었습니다. 예수님이 자기 백성의 죄를 담당하고 십자가에 죽으셨을 때, 십자가에서 성부 하나님의 진노와 율법이 정한 형벌과 저주를 다 담당하셨을 때 우리의 옛 사람도 그리스도 안에서, 그리스도와 함께 하나님의 진노를 받았고 율법의 형벌과 저주를 다 받고 죽었습니다.

그러므로 죄인이 예수 그리스도를 믿을 때 (그때가 1세기이든지 21세기이든지, 또는 팔레스타인 지역이든 한반도이든 상관없이) 예수님의 죽으심과 그의 옛 사람이 죽은 일이 그 믿는 자에게 참된 사실로 주어지고 적용되는 것입니다. 2000년 전 그리스도의 십자가에서 일어난 일이 죄인이 예수 그리스도를 믿을 때 그 죄인에게 적용되는 것입니다. 죄인이 믿을 때 거룩하신 하나님으로부터 의롭다 하심을 받는 일이 일어납니다.

즉 2000년 전 예수 그리스도께서 십자가에 죽으셨을 때 우리의 옛 사람이 그리스도 안에서 하나님의 심판을 완전하게 받아 죽은 것입니다. 그러므로 더 이상 우리가 받을 하나님의 진노와 율법의 형벌과 저주는 남아 있지 않습니다. 우리 구주 예수 그리스도께서 택하신 백성의 옛 사람이 받을 하나님의 진노와 율법의 형벌을 다 받으셨기 때문입니다. 물론 이것은 예수님이 오시기 전에 주님을 믿음으로 바라본 하나님의 택하신 백성 모두에게도 해당됩니다.

그러므로 아담 안에 있는 나, 아담과 연합한 나는 그리스도 안에서, 그리고 그리스도와 함께 이미 율법의 심판을 받고 죽어서 더 이상 존재하지 않습니다. 죽은 것은 그리스도 밖에 있던 나, 아담과 연합한 나입니다. 그리고 신자인 우리는 그리스도 안에서 새사람, 새 피조물이 되었습니다(고후 5:17). 나의 옛 사람은 죽었습니다. 나의 옛 사람에 대한 하나님의 진노가 남김없이 그리스도께 부어졌고, 우리는 그리스도와 함께 다시 살아 새사람이 되었습니다. 내가 한 일이 없습니다. 하나님이 그리스도 안에서 다 이루셨습니다. 이것이 복음입니다.

그렇다면 신자, 새사람, 새 피조물은 그리스도 안에서의 나, 그리스도와 연합한 나입니다. 새사람은 죄에 대하여 완전히 죽었고 이미 하늘 보좌에 앉은 존재이기에 아담 안에 있을 때처럼 죄가 더 이상 왕 노릇 하고 다스릴 수 있는 존재가 아닙니다. 이것이 로마서 6장 14절, '죄가 너희를 주장하지 못한다'라는 말의 의미입니다.

새사람 = 그리스도 안에서의 나, 그리스도와 연합한 나

○

죽을 몸 안에 사는
신자의 상태

그러나 신자가 왜 죄를 짓는가에 대한 문제는 여전히 해결되지 않았습니다. 오히려 의문은 가중됩니다. 우리의 옛 사람이 그리

스도와 함께 죽었다면 더더욱 그리스도와 연합한 새사람으로서 신자는 죄를 짓지 않아야 하는데 왜 죄를 짓는 것입니까?

문제의 핵심은 '죄의 몸'입니다. 바울 사도는 로마서 6장 6절에서 옛 사람이 죽은 목적은 죄의 몸도 죽어서 신자가 더 이상 죄의 지배를 받지 못하게 하려는 것이라고 말했습니다. 존 스토트는 죄의 몸에 대해 "죄의 지배를 받으며 죄에 의해 제한되고 통제받는 우리의 몸"[5]이라고 정의했고, 마틴 로이드 존스는 "현재 몸을 입고 살아가는 우리 안에 거하는 죄"[6]라고 설명했습니다.

죄의 몸은 옛 사람과는 다른 개념입니다. 신자의 존재는 완전히 죄로부터 구원을 받았습니다. 하지만 이 땅에 사는 동안 신자는 죄와 타락의 영향에서 완전히 자유롭지 못한 몸을 입고 살아갑니다. 이것이 죄에 대하여 죽은 신자가 죄를 짓는 이유에 대한 성경의 설명입니다. 이것을 존 스토트는 다음과 같이 잘 묘사했습니다.

"죄는 우리의 자연적 본능을 왜곡시키고, 졸림을 게으름으로, 배고픔을 탐욕으로, 성적 욕구를 육욕으로 격하시켜서 우리의 몸을 악한 목적을 위해 이용하게 한다."[7]

본능 자체는 선하지만 죄는 자연적 본능을 비정상적 정욕과 사욕으로 바꿉니다. 그래서 바울 사도는 로마서 8장 23절에서 이렇게 탄식의 고백을 합니다.

"그뿐 아니라 또한 우리 곧 성령의 처음 익은 열매를 받은 우리까지도 속으로 탄식하여 양자 될 것 곧 우리 몸의 속량을 기다리느니라"(롬 8:23).

바울 사도는 영혼은 구원을 받았지만 몸은 아직 죄와 타락의 영향에서 완전히 구속되지 못했기에 몸의 속량을 탄식하며 기다린다고 말합니다. 이 말씀에 의하면, 그리스도인은 죄와 싸우면서 몸의 속량을 기다리는 사람입니다. 존 스토트는 이 구절을 다음과 같이 멋지게 표현했습니다.

"사도가 언급하고 있는 현재 당하고 있는 교회의 고난이란 도대체 무엇일까요? 그것은 박해가 아니라 우리가 반쯤밖에 구원받지 못했다는 사실입니다! 이것은 우리가 아직 온전히 구원을 받지 못했다는 뜻입니다. 우리의 영혼은 구속받았지만 우리의 몸은 아직 그렇지 못합니다. 그렇기 때문에 우리는 우리의 몸의 구속을 기다리면서 계속 탄식하고 있는 것입니다."[8]

'신자가 단지 절반만 구원받은 존재'이기 때문이라는 것입니다. 이 말은 우리의 구원이 불확실하다는 의미가 아닙니다. 구원은 확실합니다. 다만, 우리가 '이미'와 '아직' 사이의 종말론적 긴장이라고 하는 과정에 살고 있기 때문에, 마지막 때에는 우리 몸도 영화롭게 변하겠지만, 지금은 썩고 노화될 몸을 입고 사는 한계가 있다는 뜻입니다.

우리는 구원받았지만 우리 몸은 여전히 노화의 과정을 겪습니다. 구원받았고 하나님의 자녀가 되었다는 사실이 몸의 노화를 막지 못하고, 죽음을 이기지 못합니다. 연약해 범죄하기도 쉽습니다. 그러나 부활의 날에 우리는 영화로운 몸으로 부활할 것이고, 그날에 우리의 구원이 완성될 것입니다. 바울 사도가 '몸의 속량'을 기다리며 탄식한 것은 이런 맥락에서 한 고백입니다. 그는 고린도후서에서도 몸 안에 사는 자의 탄식을 표현했습니다.

"참으로 우리가 여기 있어 탄식하며 하늘로부터 오는 우리 처소로 덧입기를 간절히 사모하노라… 참으로 이 장막에 있는 우리가 짐 진 것같이 탄식하는 것은 벗고자 함이 아니요 오히려 덧입고자 함이니 죽을 것이 생명에 삼킨 바 되게 하려 함이라 곧 이것을 우리에게 이루게 하시고 보증으로 성령을 우리에게 주신 이는 하나님이시니라 그러므로 우리가 항상 담대하여 몸으로 있을 때에는 주와 따로 있는 줄을 아노니 이는 우리가 믿음으로 행하고 보는 것으로 행하지 아니함이로라 우리가 담대하여 원하는 바는 차라리 몸을 떠나 주와 함께 있는 그것이라"(5:2-8).

몸이 완전히 구속받지 못한 상태에서 살아가는 신자의 탄식입니다. 이런 이유로 신자는 몸 안에서 사는 동안 "죄가 너희 죽을 몸을 지배하지 못하게 하라"는 율법의 명령을 필요로 합니다(롬 6:12). 이런 이유로 죄에 대하여 죽었고 그리스도와 연합한 신자는 여전히 이 땅을 사는 동안 죄와 싸우는 싸움을 감당해야 하고 때로는 죄를 지을 수 있는 것입니다.

○
신자가 죄를 지을 때

죄에 대하여 죽은 신자가 죄를 짓는 이유를 알았다면, 이제 문제는 "죄를 지었을 때 신자는 어떻게 해야 하는가?"입니다. 그 지은 죄로 말미암아 구원이 취소되지는 않습니다. 그러므로 죄를 범했을 때 그 일로 말미암아 지나친 회의와 영적 낙심으로 가는 것은 바람직하지 않습니다.

신자의 죄는 하나님의 마음을 상하게 하는 것이기에, 죄를 지었을 때 신자는 마땅히 통회하는 마음으로 회개해야 합니다. 하지만 이 회개는 언제나 복음적 회개여야 합니다. 단지 좌절과 자기 연민 같은 패배주의로 미끄러져 내려가는 회개가 아니라, 죄로 인해 받을 벌을 면하기 위해서 하는 회개가 아니라, 하나님의 자비하심과 그리스도의 피로도 해결할 수 없는 죄인 양 스스로 끝없이 비참해지는 회개가 아니라 하나님의 무한히 자비하신 은혜와 그리스도의 피 흘려 죽으심이 나의 추악하고 더러운 죄를 능히 사한다는 사실을 알고, 복음의 은혜를 상기하고, 복음으로 돌아가는 것입니다.

이런 복음적 회개는 언제나 그 끝이 달콤합니다. 새사람인 나는 하나님 앞에서 영광스럽고 흠 없는 존재이며, 나의 옛 사람이 그리스도와 함께 이미 십자가에 못 박혔다는 사실을 다시 생각하고, 이 복음 위에 신앙을 세워 가야 합니다.

그렇다면 신자는 죄를 짓고 좌절하면서도 자신이 구원받은 하나님의 자녀라는 사실을 여전히 믿을 수 있을까요? 다시 로마서 6장 11절이 중요합니다.

"이와 같이 너희도 너희 자신을 죄에 대하여는 죽은 자요 그리스도 예수 안에서 하나님께 대하여는 살아 있는 자로 여길지어다."

신자는 날마다, 심지어 죄를 짓는 순간조차 자신을 죄에 대하여는 죽은 자요, 그리스도 예수 안에서 하나님께 대하여는 살아 있는 자로 여겨야 합니다. 이것이 복음으로 돌아가는 것입니다. 만일 우리가 아무리 의롭게 살았다고 할지라도 그 의로움을 가지고 거룩하고 엄위하신 하나님 앞에 자격 있게 서게 되는 것이 아니듯이, 마찬가지로 우리는 아무리 더럽고 추해도 오직 그리스도의 의만을 의지해 하나님께 나아갈 수 있습니다. 이것이 자기 행위 위에 신앙을 세우지 않고 그리스도께서 십자가에서 행하신 일 위에 신앙을 세우는 것입니다.

신자의 삶의 능력은 자기의 올바른 행위나 자기 의가 아니라 복음의 은혜를 기억하고 거기로 피하는 데서 흘러나옵니다. 로마서 8장 33-34절이 이것을 잘 보여 주지 않습니까?

"누가 능히 하나님께서 택하신 자들을 고발하리요 의롭다 하신 이는 하나님이시니 누가 정죄하리요 죽으실 뿐 아니라 다시 살아나신 이는 그리스도 예수시니 그는 하나님 우편에 계신 자요 우리를 위하여 간구하시는 자시니라."

O

그리스도 안에
정죄함이 없다

우리는 "그러므로 이제 그리스도 예수 안에 있는 자에게는 결코 정죄함이 없나니"(롬 8:1)라는 바울 사도의 선언을 오독하면 안 됩니다. 그는 "회개하는 자에게는 결코 정죄함이 없나니"라고 말하지 않았습니다. 물론 "날마다 승리하는 자에게는 결코 정죄함이 없나니"라고 말한 것도 아닙니다. '그리스도 예수 안에 있는 자'에게 정죄함이 없습니다.

누가 그리스도 예수 안에 있는 자입니까? 그는 신자이고, 죄에 대하여 죽은 자이며, 옛 사람이 그리스도와 함께 죽었고, 그리스도와 연합한 자입니다. 그리스도 안에 있는 자에게는 어떤 조건 아래에서든지 정죄함이 없습니다. 그리스도께서 우리를 대신해서 모든 범죄에 대해 모든 정죄를 다 받으셨기 때문입니다.

그러므로 신자에게 필요한 것은 그리스도 안에서 자신이 누구인지를 확실히 아는 것입니다. 하나님을 진정으로 아는 사람은 자기 자신을 압니다. 존 칼빈이 그의 《기독교 강요》를 시작하면서 말했듯이, 신앙은 하나님을 아는 지식과 자신을 아는 지식입니다(1. 1. 1-2).

성경은 "이렇게 하라. 저렇게 하라"는 율법의 명령만을 담고 있는 것이 아니라 "너는 그리스도 안에서 그리스도와 연합한 사람이다. 죄에 대하여 죽은 사람이다. 너는 새사람이다"라는 복음의 선언도 풍성하게 담고 있습니다. 신자가 누구인지를 분명하게 선언하고 가르쳐 주는 것이 바로 복음입니다.

만일 그리스도의 복음의 은혜, 행한 것 없는 불경건한 자를 믿음으로 의롭다 하시는 구원의 은혜를 안다면 결코 은혜를 더한다는 명목으로 죄를 짓는 일은 없을 것입니다. 우리가 모두 "우리가 알거니와 우리의 옛 사람이 예수와 함께 십자가에 못 박힌 것은 죄의 몸이 죽어 다시는 우리가 죄에게 종노릇하지 아니하려 함이니"(롬 6:6)라고 고백할 수 있기를 바랍니다.

그리고 복음 안에서 자유함을 얻은 신자는 자신이 훌륭하게 살아갈 때나, 심지어 범죄함으로 넘어졌을 때에라도 바울 사도와 함께 이렇게 담대히 선언할 수 있습니다.

"누가 우리를 그리스도의 사랑에서 끊으리요 환난이나 곤고나 박해나 기근이나 적신이나 위험이나 칼이랴 기록된 바 우리가 종일 주를 위하여 죽임을 당하게 되며 도살당할 양같이 여김을 받았나이다 함과 같으니라 그러나 이 모든 일에 우리를 사랑하시는 이로 말미암아 우리가 넉넉히 이기느니라 내가 확신하노니 사망이나 생명이나 천사들이나 권세자들이나 현재 일이나 장래 일이나 능력이나 높음이나 깊음이나 다른 어떤 피조물이라도 우리를 우리 주 그리스도 예수 안에 있는 하나님의 사랑에서 끊을 수 없으리라"(롬 8:35-39).

| 확신 노트 |

1. 신자 = 죄에 대하여 죽은 자
   · 완전주의를 말하는 것이 아님
   · 죄에 대하여 죽으라는 명령이 아니라 선언임
   · 체험의 문제가 아니라 사실의 문제임

2. 신자 = 그리스도와 연합한 자
   · 신자를 대하는 하나님의 태도: 그리스도와 동일하게 죄를 짓지도 않은 존재처럼 여기심

3. 그리스도와의 연합의 목적은 '새 생명 가운데 사는 것'이다.
   새 생명 = 부활 생명 = 죄에 대하여 죽은 생명

4. '새 생명 가운데 행하는 것'이란 '죄에 대하여 죽고, 하나님께 대하여 산 자로 여기는 것이다.

5. 죄에 대하여 죽은 신자가 왜 죄를 짓는가?
   · 신자가 죄의 몸(죽을 몸) 안에 살고 있기 때문에 여전히 죄를 지음
   · 죄의 몸은 옛 사람과는 다름
     – 옛 사람: 회심 이전에 아담과 연합한 사람, 율법 아래 있던 사람
     – 십자가에서 일어난 일: 그리스도와 함께 옛 사람이 못 박혀 죽음

6. 옛 사람이 죽었음에도 여전히 죄를 짓는 이유는?
   · 영혼은 이미 구원받았지만 죽을 몸 안에 잔존하는 죄성 때문에 죄를 지음→신자의 몸은 아직 구속을 받지 못했음(롬 8:23)
   · 구원받은 영혼 + 부활하게 될 몸 → 구원의 완성

7. 죄는 신자 안에 있지 않고 죄의 몸 안에 있다(롬 6:12).
   · 신자 = 그리스도와 연합한 자 → 새사람
   · 새사람이지만 여전히 죄가 남아 있는 신자의 몸 → 죄의 몸, 죽을 몸

• 죄의 몸(죽을 몸)을 입고 있기에 여전히 죄를 짓는 신자

8. 신자에게 필요한 것은 '그리스도 안에서 자신을 아는 지식'이다.
  • 신앙은 하나님을 알고, 자신을 아는 것에서 시작됨
  • 복음 안에서 자유함을 얻는 것이 신자임

3

신자의 성화 (1):
사랑으로 종 되기

형제들아 너희가 자유를 위하여 부르심을 입었으나

그러나 그 자유로 육체의 기회를 삼지 말고

오직 사랑으로 서로 종노릇하라

갈 5:13

신자는 죄에 대하여 죽은 자요, 그리스도와 연합한 자이지만, 그럼에도 불구하고 여전히 몸 안에 사는 동안에는 죄를 지을 수 있는 연약한 존재입니다. 이것이 지난 장에서 살펴본 내용입니다.

신자가 죄를 지을 수 있는 존재라는 것은 "현실을 받아들이고 적당히 살자"는 결론으로 우리를 인도하지 않습니다. 신자의 삶은 은혜를 더하게 하려고 죄에 거하는 삶이 아닌 것입니다. 신자가 율법의 열매를 맺고 살 것인지, 복음의 열매를 맺고 살 것인지는 영적 싸움의 본질을 바르게 이해하고 싸우는 데 달려 있습니다. 그래서 이 장에서는 신자 안에서 일어나는 싸움의 본질을 살펴보고, 어떻게 싸워야 하는가를 생각해 보려고 합니다.

'율법과 복음'의 문제를 바르게 이해하는 것은 여기서도 결정적으로 중요합니다. 안타깝게도 한국 교회의 현실은 율법과 복음을 오해하고 혼동함으로써 신자의 성화 문제도 심각하게 오해하게 되었고, 결국 자기 의지로 거룩과 의를 이루어 가려는 율법주의가 많은 성도의 생각과 삶을 지배하고 있는 실정입니다.

우리가 율법 아래로 들어가서 율법의 방법으로 싸우면 이 싸움에서 백전백패할 수밖에 없습니다. 반면, 복음 안에 있을 때 우리는 이 싸움에서 승리하고 거룩의 열매를 맺을 수 있습니다. 율법 아래서는 율법의 열매를 맺게 되고, 복음 안에서만 신자는 복음의 열매를 맺습니다. 그렇다면 복음 안에서 복음적 방법으로 성도의 영적 싸움을 감당하고 거룩의 열매를 맺는 것이 무엇인지를 3장과 4장에서 살펴보겠습니다.

○
성령 안에 있는 신자 자신과
몸 안에 있는 죄의 싸움

우리는 본래 허물과 죄로 죽었던 자요, 공중의 권세 잡은 자인 마귀를 섬기면서 육체의 욕심을 따라 지내고 육체와 마음의 원하는 대로 하고 사는 본질상 진노의 자녀였습니다(엡 2:1-3). 우리가 하는 모든 일은 하나님을 기쁘시게 할 수 없었고, 행하는 모든 일이 하나님 앞에서 불쾌한 죄였습니다.

그러나 믿음으로 하나님의 자녀가 되는 순간부터 신자는 이전에는 알지 못했던 새로운 싸움을 경험하게 됩니다. 그것은 죄와의 싸움입니다. 회심하기 전의 인간은 도덕적 삶을 살 수는 있을지라도 진정한 의미에서 죄와 싸우는 일을 경험하지는 못합니다. 하지만 회심한 뒤에는 전에는 아무렇지도 않게 행하던 일들을 더 이상 동일하게 행할 수 없게 됩니다. 신자 안에 성령이 내주하시기 때문입니다. 바울 사도는 이것을 갈라디아서 5장에서 성령과 육체의 소욕 사이의 싸움으로 묘사했습니다.

"내가 이르노니 너희는 성령을 따라 행하라 그리하면 육체의 욕심을 이루지 아니하리라 육체의 소욕은 성령을 거스르고 성령은 육체를 거스르나니 이 둘이 서로 대적함으로 너희가 원하는 것을 하지 못하게 하려 함이니라"(갈 5:16-17).

신자 안에 거하시는 성령이 더 이상 육체의 소욕대로 행하는 것을 기뻐하시지 않기 때문에, 그리스도와 연합한 신자는 이전에는 자기에게 즐거움을 주던 어떤 일들에서 이제는 괴로움과 마음 상함을 경험하게 됩니다. 죄가 더 이상 신자에게 즐거움이 아니라 괴로움이 되는 것입니다.

우리가 알아야 할 것은 신자의 이런 영적 싸움은 동등한 두 세력 사이의 싸움이 아니라는 것입니다. 죄와의 싸움의 본질은 신자 안에 있는 두 세력 혹은 두 욕구의 싸움이 아닙니다. 이것은 성령의 지배를 받는 신자 자신이 자신의 죽을 몸 안에 남아 있는 죄와 싸우는 것입니다. 그래서 이 싸움은 신자의 구원받은 신분에는 아무런 영향도 미치지 못합니다. 신자 안에 남아 있는 죄성은 신자의 '몸' 안에 있는 죄라고 말할 수 있습니다. 그래서 바울 사도는 로마서 6장 12절에서 '너의 사욕'이라고 하지 않고 '몸의 사욕'이라고 표현했습니다.

"그러므로 너희는 죄가 너희 죽을 몸을 지배하지 못하게 하여 몸의 사욕에 순종하지 말고."

'먹고 싶다', '하고 싶다', '갖고 싶다'라는 인간의 본능적 욕구는 다 몸의 욕구들입니다. 인간이 범죄하지 않았다면 하나님이 인간에게 주신 본능적 욕구는 다 선한 것들로 남아 있었을 것입니다. 하지만 범죄한 뒤에 이 본능적 욕구는 본래의 조화를 잃어버린 채 바울 사도가 표현한 바 '몸의 사욕', 즉 정욕과 탐욕이 되었습니다. 죄에 대하여 죽은 신자가 싸워야 하는 싸움은 몸의 사욕에 순종하지 않으려는 싸움입니다. 요한일서는 몸의 사욕을 "육신의 정욕과 안목의 정욕과 이생의 자랑"(요일 2:16)이라고 표현했습니다.

그러나 거듭난 하나님의 자녀들에게는 성령으로 말미암아 새로운 욕구가 생기는데, 이것은 성령이 주시는 거룩한 성향이고, 신자의 정체성으로부터 나오는 참된 욕구입니다. 거듭난 신자는 하나님을 기쁘시게 하고 그분을 영화롭게 하고 싶은 욕구를 가지게 됩니다. 이런 욕구를 알지 못한다면 거듭나지 않았기 때문입니다. 이처럼 신자의 욕구는 기존의 몸의 사욕 혹은 육체의 소욕과 대립되고 부딪힙니다.

거듭난 사람 안에서만 싸움이 일어납니다. 그전에는 공중 권세 잡은 자를 따라서 한 방향으로만 살았습니다. 그런데 이제는 신자 안에 하나님을 기쁘시게 하려는 정반대의 욕구가 생겼기에 더 이상 과거의 그 방향으로만 갈 수가 없습니다. 하나님을 기쁘시게 하고 하나님을 영화롭게 하며 살고 싶어 하는 욕구 때문입니다.

조나단 에드워즈는 《신앙감정론-조나단 에드워즈 전집 제1권》(부흥과개혁사, 2005)에서 이것을 '기울어짐'(inclination)에 비유했습니다. 기울어짐이란 해를 향해 기울어지는 해바라기처럼 땅만 바라보던 인생들이 거듭나고 하나님이 그 안에 새 마음을 주시자 하나님을 향해서 기울어지는 경향성을 갖게 되었다는 것을 의미합니다. 이러한 기울어짐, 경향성, 새로운 기질 때문에 예전의 죄를 지으려던 관성에 대항하는 싸움이 일어나는 것입니다. 비록 싸움에 질 때가 많다고 해도 신자 자신은 근본적으로 하나님을 향해 살아가게 됩니다.

바울 사도는 자신과 자기 속에 거하는 죄를 구분합니다. 신자 자신은 죄에 대하여 죽은 자이고 그리스도와 연합한 자입니다. 그러나 신자가 몸 안에 사는 동안에는, 몸의 속량이 아직 이루어지지 않았기 때문에(롬 8:23) 죄를 지을 수 있습니다. 그러므로 신자 안에서 일어나는 영적 싸움의 본질이 성령 안에 있는 신자 자신과 신자의 몸 안에 거하는 죄와의 싸움이라는 것을 기억해야 합니다.

이것은 바울이 죄에 대한 책임을 회피하려고 한 말이 아닙니다. 죄에 대하여 죽었고 그리스도와 연합한 신자는 율법으로부터 자유함을 얻었으므로 비록 죄를 범하고 넘어질지라도 다시 그 존재가 율법의 정죄 아래로 돌아갈 수 없다는 것을 보여 주는 말입니다. 이제 이 내용을 좀 더 자세하게 다루어 보겠습니다.

O
신분(정체성)에 대한 확고한 인식이
신분에 합당한 삶을 가져온다

신자는 이 싸움을 어떻게 싸워야 합니까? 죄와의 싸움에서 승리하기 위한 가장 중요한 조건은 신자가 그리스도 안에 있는 자신의 신분을 확실히 알고 인정하는 것입니다. 신분에 대한 확고한 인식이 신분에 합당한 삶을 가져옵니다.

예를 들어 보겠습니다. 중국에는 탈북한 동포들이 있습니다. 그들이 제일 두려워하는 것은 중국 공안에 붙잡혀 다시 북한으로 송환되는 일일 것입니다. 북한으로 붙잡혀 가느냐, 한국이나 제삼국으로 가느냐에 대해서는 아무것도 결정된 것이 없고, 결과도 알 수 없습니다. 그들의 법적 신분은 조선민주주의인민공화국 국민입니다. 그들이 중국 공안에 잡히면 북한 정부가 그들에 대한 법적 권리를 가지게 됩니다. 중국 정부나 한국 정부는 그들에 대해 아무 권리를 가지지 않습니다. 그래서 그들은 붙잡히지 않으려고 조심하고, 숨어야 하고, 살길을 찾아야 합니다.

신자의 싸움은 이처럼 죽을지 살지, 또는 어디로 가게 될지 모르는 불확실한 싸움이 아닙니다. 신자는 자신의 처신에 따라, 혹은 운에 따라 운명이 결정되는 싸움을 하는 것이 아닙니다.

탈북민의 예로 계속 설명하자면, 신자의 싸움은 탈북민이 이미 한국에 무사히 안착해 한국 국적을 취득하고 대한민국의 합법적 국민이 된 뒤에, 중국을 여행하면서 경험하는 일과 유사합니다. 그가 중국에서 중국 공안이나 북한 관리를 보면 예전처럼 두려운 마음이 엄습할 수도 있습니다. 비록 그 순간 두려운 감정을 느낄 수는 있을지라도, 그에 대한 법적 권리를 주장할 수 있는 것은 중국 정부도, 북한 정부도 아닌 오직 대한민국 정부입니다. 그의 신분과 정체성은 대한민국 국민인 것입니다. 사실 두려워해야 할 이유가 없습니다.

비유의 한계는 있지만, 신자가 죄와 싸우는 싸움은 이와 유사합니다. 이 싸움은 죽을지 살지 모르는, 우리의 구원을 건 싸움이 아닙니다. 이 싸움은 생명이나 자유를 얻기 위한 싸움이 아니라 하나님이 그리스도의 복음 안에서 주신 생명과 자유를 지키고 누리기 위한 싸움입니다.

좀 더 명쾌한 이해를 위해 또 하나의 예를 들어 보겠습니다. 국가대표 운동선수를 생각해 보십시오. 그는 올림픽에 나가 국위를 선양하고 자신도 금메달의 위업을 성취할 수 있는 기회를 얻었습니다. 그가 '나는 이제 국가대표가 되었으니 모든 것을 다 이루었다'라고 생각해 운동을 게을리하고 해이한 삶을 살겠습니까? 오히려 이전보다 더 나은 동기를 가지고 땀을 흘릴 것입니다. 자신이 국가대표 선수라는 정체성을 인식할 때 모든 면에서 더욱 절제할 것입니다. 그렇게 할 동기와 마음, 의지, 능력이 생겼기 때문입니다.

이것은 국가대표가 되기 위해서 땀을 흘리는 것과는 다른 차원입니다. 국가대표 선수가 된 것은 이미 목표를 성취한 것이 아니라, 운동선수로서 세계 최고의 기량을 다투는 선수들 사이에서 최고의 자리라는 영예를 얻겠다는 진정한 목표가 생긴 것이고, 그 목표를 이루겠다는 동기가 생긴 것입니다.

로마서 6장이 신자가 그리스도 안에서 얻게 된 신분이 어떤 것인지, 그리스도 안에서 신자에게 경험이 아니라 사실적으로 일어난 일이 무엇인지를 강조해서 설명하는 이유가 여기 있습니다. 특히 로마서 6장 11절이 중요합니다.

"이와 같이 너희도 너희 자신을 죄에 대하여는 죽은 자요 그리스도 예수 안에서 하나님께 대하여는 살아 있는 자로 여길지어다."

정체성에 대한 확고한 인식은 신분에 합당한 삶을 가져옵니다. 그래서 바울 사도는 "너희가 누구인지 알라"고 말합니다. 신자는 죄에 대하여 죽은 자, 그리스도 예수 안에서 하나님께 대하여는 살아 있는 자입니다. 앞서도 언급했지만 '여기라'라는 말은 하나님이 보시는 관점에서 자기 자신을 보라는 말입니다. 신자의 정체성, 신분을 알라는 것입니다. 주 예수 그리스도의 복음 안에서 우리가 어떤 존재가 되었는지를 알아야 합니다. 그리고 이것은 우리가 경험한 일인가의 여부를 떠나 복음 안에서 일어난 사실입니다. 그래서 율법과 복음을 구분해 바르게 이해하는 것이 신자의 영적 싸움에서 중요합니다.

○
신자는 순종의 종으로
의에 이른다

복음 안에서 신자가 얻은 자유는 방종이나 율법폐기론의 주장으로 그를 인도하지 않습니다. 만일 믿음으로 의롭다 하심을 얻은 사람의 삶이 방종으로 흘러간다면 그는 진짜 은혜를 받은 적이 없음을 삶으로 입증하는 셈이라는 것이 바울 사도가 로마서 6장에서 펼친 논증입니다. 그리스도 안에서 새사람이 되었기 때문에 신자에게는 새사람의 윤리와 삶이 요구됩니다.

새사람처럼 살면 새사람이 된다는 말이 아닙니다. 이것은 율법의 관점입니다. 반면, 복음은 그리스도 안에서 하나님이 행하신 일로 새사람이 되었으니 이제 새사람답게 살라고 말합니다. 만일 "나는 새사람이 되었으니 이제 다 이룬 것이다. 이제는 내 마음대로 살아도 된다"라고 말한다면 그는 자신이 복음의 은혜를 입은 적이 없을 뿐 아니라 새사람이 아니라는 것을 입증할 뿐입니다.

여기서 로마서 6장 16-23절에서 바울 사도가 사용한 단어들을 주목해 보는 것은 도움이 됩니다. 먼저 16절입니다.

"너희 자신을 종으로 내주어 누구에게 순종하든지 그 순종함을 받는 자의 종이 되는 줄을 너희가 알지 못하느냐 혹은 죄의 종으로 사망에 이르고 혹은 순종의 종으로 의에 이르느니라."

마틴 로이드 존스는 이 구절을 매우 흥미롭게 분석하면서 설명합니다.[9] 바울 사도는 신자는 죄의 종이 아니라고 말하면서, "죄의 종으로 사망에 이르고 순종의 종으로 의에 이른다"고 했습니다. 지금까지 바울 사도가 펼쳐 온 논리에 비추어 볼 때 '죄의 종'과 대조하려면 '믿음의 종'이라고 했어야 더 옳을 것입니다. 그런데 사도 바울은 의도적으로 '죄의 종'을 '순종의 종'이라는 말로 대조시키고 있습니다. 로마서 6장 15절에서 '법 아래에 있지 않다'라는 말이 마음대로 사는 방종이나 율법폐기론으로 흘러가는 것이 아니라 '순종하는 삶이다'라는 것을 보여 주기 위해 의도적으로 '순종의 종'이라는 말을 사용한 것입니다.

이것만이 아닙니다. 로마서 6장 16절에서 바울 사도는 '사망'과 '의'를 대조시키고 있습니다. 왜 '사망'과 '생명'이 아니고 '사망'과 '의'를 대조시킨 것일까요? 만일 "순종의 종으로 생명에 이른다"고 말했다면 그것은 지금까지 말해 온 이신칭의 교리를 부인하는 논리가 되지 않겠습니까? 순종이라는 행위로 의롭다 하심을 받고 생명을 얻는다는 말로 오해를 불러일으킬 수 있었을 것입니다.

바울 사도는 이런 오해를 피하려고 "순종의 종으로 생명에 이른다"고 하지 않고 "순종의 종으로 의에 이른다"고 말한 것입니다. 즉 신자는 순종을 통해서 구원의 목적인 의의 삶을 살게 된다고 말한 것입니다.

그래서 바울 사도는 앞 절인 로마서 6장 15절에서 "그런즉 어찌하리요 우리가 법 아래에 있지 아니하고 은혜 아래에 있으니 죄를 지으리요 그럴 수 없느니라"라고 단호하게 말했습니다. 신자는 "순종으로 구원받는다"고 말해서는 절대로 안 되며(이것은 이신칭의 교리를 부인하는 것입니다), "이제는 예수님을 믿고 법 아래 있지 않고 은혜 아래 있으니까 마음대로 살고 죄를 지어도 된다"고 말해서도 안 됩니다(이것은 율법폐기론으로 가는 것입니다).

또 하나 우리가 주목해야 할 단어가 로마서 6장 23절에 나옵니다.

"죄의 삯은 사망이요 하나님의 은사는 그리스도 예수 우리 주 안에 있는 영생이니라."

바울 사도가 앞에서는 '죄의 종'과 '순종의 종'을 대조시켰는데(롬 6:15), 여기서는 왜 '죄의 삯'에 이어 '순종의 삯'이라고 하지 않고 '하나님의 은사(선물)'라고 했을까요?

분명히 죄의 대가는 영원한 사망입니다. 하지만 여기서 바울 사도가 다시 순종의 삯(대가, 보수)이 영생이라고 썼다면 순종이라는 행위를 통해서 영생을 얻는다는 논리가 될 것이고, 이것 역시 이신칭의 교리를 부인하는 결과가 되고 말 것입니다. 이렇게 된다면, 바울 사도는 율법폐기론을 거부하려다가 도리어 율법주의로 흘러가는 잘못을 저지르게 될 것입니다. 바울 사도는 성령의 영감을 받아 의도적으로, 그리고 지혜롭게 율법과 복음을 오해하지 않도록 바르게 설명한 것입니다.

보통 "하나님이 그리스도 안에서 다 하셨다. 네가 할 일은 아무것도 없다"고 말할 때 우리가 아무렇게나 살아도 된다는 의미는 아닙니다. 율법폐기론과 도덕률폐기론으로 치우치는 방식으로 말해서는 안 됩니다. 그래서 바울 사도는 율법주의와 율법폐기론의 양극단으로 치우치지 않으면서 균형을 가지고 설명한 것입니다.

율법주의와 율법폐기론 사이의 균형을 제대로 이해함으로써 한편에 치우치지 않고 복음의 은혜 안에서 살아가는 것은 매우 중요합니다. 신자는 생명을 얻기 위해서 순종하는 것이 아니라 이미 생명을 선물로 받았기 때문에 순종의 삶을 사는 것입니다. 바울 사도는 참 믿음은 순종을 가져온다는 사실을 로마서 6장 17절에서 다시 강조합니다.

"하나님께 감사하리로다 너희가 본래 죄의 종이더니 너희에게 전하여 준 바 교훈의 본을 마음으로 순종하여."

바울 사도는 "교훈의 본을 마음으로 순종하여"라고 말함으로써 믿음은 복음의 말씀에 마음으로 순종하는 것이라고 말합니다. "믿음은 순종이다", 더 나아가 "순종을 낳지 않는 믿음은 믿음이 아니다"라고 말한 것입니다. 옛 사람 안에서는 죄의 종이었는데, 새사람이 되어서는 순종의 종이 되는 것입니다.

그는 또 로마서 6장 18절에서 "의에게 종이 되었느니라"라고 말합니다. 새사람은 방종이 아니라 순종의 종이며, 또한 의의 종입니다. 그리고 나아가서 새사람은 '하나님의 종'(롬 6:22)입니다.

바울 사도는 새사람이 되었으므로 새사람에 합당한 삶을 살라고 말합니다(롬 6:19). 전에는 지체를 부정과 불법에 내주어 불법의 열매를 거두던 사람이었지만, 이제는 지체를 의에게 종으로 내주어 거룩함의 열매를 맺는 사람이 되라는 것입니다. 전에는 새사람에 합당한 삶을 살고 싶은 마음도, 힘도, 능력도 없었지만, 이제는 그렇게 살고 싶은 욕구와 힘을 가진 존재, 새로운 피조물이 되었기에 그 모든 것이 가능해졌습니다. 따라서 바울 사도는 그렇게 살라고 명한 것입니다.

○
신자에게 율법은 무엇인가?

신자는 새사람에 합당한 삶을 살라는 명령을 받습니다. 그래서 순종의 종으로 살아가야 합니다. 이것은 명령입니다. 우리는 이 명령이 우리가 새사람이 되기 전에 가졌던 율법과 어떻게 구별되며, 이 명령에 어떻게 순종해야 하는가를 이해해야 합니다.

우리가 반복해서 보았듯이, 신앙과 구원이 나 하기에 달렸다고 말하는 것이 율법주의입니다. 율법의 원리는 내가 잘하면 상받고 못하면 벌 받고, 잘하면 축복 받고 못하면 저주 받고, 잘하면 살고 못하면 죽는 것입니다. 반면 복음은 "하나님 아버지께서 그리스도 예수 안에서 너의 구원에 필요한 모든 것을 완벽하게, 하나도 남김없이 다 이루셨다. 구원은 네가 이루는 것이 아니라 그리스도께서 이루신 일이다"라고 말합니다. 이것이 복음입니다.

다시 말하지만, 율법은 우리 죄를 밝히 드러냄으로써 우리의 비참함을 보게 하고 우리를 좌절하게 합니다. 이것이 율법의 제1용법입니다. 율법은 이처럼 죄인 자신을 비추어 주는 거울이며, 그로써 구원의 필요를 느끼게 합니다. 이렇게 하나님은 율법을 통해 복음으로, 그리고 그리스도께로 죄인을 인도하십니다.

그렇다면 복음으로 인도함을 받고 새사람이 된 신자, 죄에 대하여 죽은 신자에게 이제 율법은 필요 없습니까? 그렇지 않습니다. 신자는 율법을 필요로 합니다. 신자에게 율법은 죄를 드러내고 비참함으로 끌고 가는 제1용법을 넘어, 하나님이 기뻐하시는 뜻을 보이고 가르침으로써 그 뜻대로 거룩한 길을 걸어가게 하는 인도자의 역할을 합니다(시 119:105). 이것이 존 칼빈이 말한 율법의 제3용법입니다.

복음이 오기 전의 율법과 복음이 온 후의 율법은 다릅니다. 그

차이는 "이것을 행하라. 그러면 살리라"(명령법-직설법의 구조)와 "내가 너를 위해서 다 했고 너를 살렸다. 그러므로 이것을 행하라"(직설법-명령법의 구조)의 차이입니다. 직설법에 이어지는 명령법으로서의 율법이 복음의 은혜를 누리는 신자들에게 주어진 율법의 기능입니다. 신약성경에서 성도들에게 주어지는 명령들은 모두 이 범주에 속하는 율법이라고 할 수 있습니다.

율법(명령법) → 복음(직설법)
"이것을 행하라. 그러면 살리라."

복음(직설법) → 율법(명령법)
"내가 너를 위해서 다 했다. 그러니까 이것을 행하고 살라."

신약 성도들을 향한 명령은 언제나 직설법에 따라 나오는 명령법입니다. 이것은 우리가 하나님 앞에서 행위로 의롭게 될 수 있다는 헛된 망상을 조금도 주지 않습니다. 우리는 이미 믿음으로 의롭다 하심을 얻었습니다. 그래서 우리는 의의 생활을 하고 싶고, 그것을 위해서 싸울 힘이 생겼습니다. 싸울 욕구가 있을 뿐 아니라 율법을 통해 어떻게 행하는 것이 하나님을 기쁘시게 하는 길인지 압니다.

죄에 대하여 죽은 신자가 이런 명령(율법)을 들어야 하는 이유가 무엇입니까? 죄에 대하여 죽은 신자가 피 흘리기까지 죄와 싸우라는 명령을 듣는 이유가 무엇입니까(히 12:4)? 신자의 옛 사람이 예수님과 함께 십자가에 못 박힌 것은 죄의 몸도 결국 멸하여져서 완전한 의의 종, 하나님의 종으로 살게 하려는 것이기에 신자는 이 율법의 명령을 듣습니다(롬 6:6). 어떤 면으로 보든지, 하나님의 은혜로 구원을 받은 신자가 무율법적 삶, 방임적 삶에 자신을 드릴 수 없다는 것을 바울 사도는 계속해서 논증합니다.

바울 사도는 그리스도께서 왜 죽으셨고, 왜 사셨는지, 구원의 목적을 안다면 은혜를 더하게 하려고 죄에 거한다는 말을 할 수 없을 것이라고 말합니다. 그런 바울 사도 자신은 날마다 자기 몸을 쳐서 복종시킨다고 고백합니다(고전 9:27). 성령을 따라 행함으로써 육체의 욕심을 이루지 않기 위한 싸움을 매일 싸운다는 것입니다(갈 5:16). 거룩함에 이르고자 하는 싸움을 쉬지 않겠다는 것입니다(롬 6:19, 22).

신자가 되면 저절로 거룩한 삶이 살아지고, 저절로 순종하게 되는 것이 아닙니다. 복음을 깨달으면 죄에 대하여 죽고 하나님께 대하여 사는 그리스도인의 삶이 저절로 살아지는 것이 아닙니다. 내가 죽고 그리스도께서 사시기만 하면, 그리고 내 안에 사시는 그리스도를 의식하고 살기만 하면 죄를 짓지 않을 수 있다는 가르침은 칭의와 성화를 오해하고 혼동하게 하는 위험한 가르침입니다. 바울 사도는 하나님을 깊이 경험하고, 알고, 인식하고 살았던 사람이지만 자신은 매일 자기 몸을 쳐서 복종시킨다고 말했다는 점을 가볍게 여기지 말아야 합니다.

신약 서신서에 기록된 많은 명령만 보더라도, 그리스도인의 삶이 저절로 살아진다고 말할 수 없습니다. 그리스도인의 삶은 인내로써 달려야 하는 경주이며(히 12:1; 고전 9:24, 26), 권투 시합 같이 격렬한 싸움이어서(고전 9:27) 피 흘리도록 싸워야 하고(히 12:4), 하나님의 전신 갑주를 입고 마귀를 대적해 싸우는 씨름입니다(엡 6:10-17). 그리스도인의 영적 싸움, 죄와의 싸움은 힘쓰고 애써야 하는 싸움입니다. 죄에 대하여 죽었고 그리스도와 연합한 신자는 이 싸움에서 면제되지 않습니다.

"그러므로 하나님의 전신 갑주를 취하라 이는 악한 날에 너희가 능히 대적하고 모든 일을 행한 후에 서기 위함이라"(엡 6:13).

신약성경이 신자들에게 주는 많은 명령과 권면이 그것을 이미 입증하고 있습니다. 거룩한 삶이 저절로 살아지는 것이라면 하나님은 사도들을 영감하셔서 이런 명령들을 주시지 않았을 것입니다.

○

신자는 사랑 때문에 종이 된다

그렇다면 신자가 죄와 싸워 이기는 동력은 무엇입니까? 율법의
방식이 아니라, 복음의 직설법에 따라오는 율법의 명령법에 순
종해 사는 동력은 무엇입니까? 갈라디아서 5장 13절이 그 답을
제공해 줍니다.

"형제들아 너희가 자유를 위하여 부르심을 입었으나 그러나
그 자유로 육체의 기회를 삼지 말고 오직 사랑으로 서로 종노릇
하라."

신자는 그리스도로 말미암아 주어진 자유를 육체의 기회로 삼
아 죄를 짓고 자기의 즐거움만을 추구하는 방식으로 살지 않습
니다. 도리어 그 자유를 사랑으로 종노릇하는 기회로 삼습니다.
이것이 은혜로 구원받은 사람의 정상적이고 마땅한 반응입니다.

주님은 십자가에서 사랑의 종노릇이 무엇인지를 분명하게 보
여 주셨습니다. 그분은 인간의 어떤 의무로부터도 자유로운 창
조주 하나님이십니다. 그 누구도 그분께 먼저 드리고 갚으라고
요구할 수 있는 존재는 없습니다(롬 11:35). 예수님은 전능한 하
나님이시고, 어느 피조물도 그분의 전능한 자유를 제한할 수 없
습니다. 그분께 무엇인가를 하시라고 요구할 수 있는 권위를 가

진 존재도 없습니다. 예수님은 "이[목숨]를 내게서 빼앗는 자가 있는 것이 아니라 내가 스스로 버리노라 나는 버릴 권세도 있고 다시 얻을 권세도 있으니 이 계명은 내 아버지에게서 받았노라"(요 10:18)라고 말씀하셨습니다.

그런 주님은 스스로 종의 형체를 가져 사람들과 같이 되셨고 자기를 낮추고 십자가에서 죽기까지 복종하셨습니다(빌 2:6-8). 전능자께서 친히 순종의 종이 되셨습니다. 이것이 사랑으로 행하신 종노릇입니다. 하나님 아버지를 사랑하셔서, 그리고 당신의 죽음으로 말미암아 죄의 종노릇에서 자유함을 얻고 하나님의 자녀가 될 하나님의 백성을 사랑하셔서 친히 종이 되신 것입니다. 주님은 이렇게 죄에 대하여 죽은 신자가 사랑으로 종노릇하는 삶을 살아야 할 것을 친히 본으로 보여 주셨습니다. 신자의 삶은 이와 같이 '그리스도의 법을 성취하는 삶'입니다(갈 6:2).

출애굽기에는 주인과 처자식에 대한 사랑 때문에 평생 자원해 종이 되고자 하는 히브리 종에 대한 규정이 나옵니다(출 21:1-11). 하나님은 히브리 사람이 경제적 이유 등으로 동족에게 종이 되는 경우, 6년 동안 섬기고 제7년에는 자유인으로 풀어 주라는 규정을 주셨습니다. 그런데 종이 주인과 두고 나갈 처자식을 사랑하기 때문에 자기는 평생 자유인이 되지 않고 주인을 섬기는 종이 되겠다고 하면 주인은 재판장 앞에서 그의 귀에 송곳으로 구멍을 뚫어 종신토록 자원하는 종이 된 사람의 표시를 해야 했습니다.

주인이 얼마나 좋으면, 또 처자식을 얼마나 사랑하면 자유인보다 종이 되는 것이 더 행복하다고 생각할 수 있겠습니까? '나는 이런 주인을 만난 적이 없고, 앞으로 평생 다시는 이런 분을 만나지 못할 것이다'라는 생각이 아니고서야 어떻게 이런 일이 가능하겠습니까?

이런 경우가 이스라엘 역사에 실제로 얼마나 많이 있었는지는 모르겠습니다. 그러나 이 말씀이 확실하게 한 사람에게서 일어났다는 것만은 알고 있습니다. 바로 구주 예수님이십니다(시 40:6-8; 히 10:5). 구주께서는 자원하는 종이 되어 십자가에서 죽으셨습니다. 하나님 아버지를 사랑하셨고, 당신이 구원할 하나님의 백성, 당신의 신부를 사랑하셨기 때문입니다.

자원하는 종에 대한 규정은 율법 아래서가 아니라 은혜 아래서 하나님을 섬기는 신자에 대한 그림입니다. 신자는 억지로 또는 의무로 하나님을 섬기는 사람이 아닙니다. 구원받으려는 목적으로 행하지도 않습니다. 그가 하나님과 형제들을 섬기는 동력은 사랑입니다. 신자는 사랑으로 종이 되는 사람입니다. 그는 사랑 때문에 예배하고, 사랑 때문에 말씀을 읽고, 사랑 때문에 기도하고, 사랑 때문에 봉사하고, 사랑 때문에 자기 권리를 행사

하지 않고 종노릇하는 사람입니다.

신자는 자유를 위해 부르심을 받았습니다. 그는 더 이상 율법 아래 있지 않습니다. 그는 자기가 하고 안 하는 행위에 의해서 하나님의 사랑을 더 받고 덜 받는 법칙에서 풀려난 사람입니다. 변하지 않으시는 하나님의 은혜와 사랑과 자비를 그리스도 안에서 받았고, 받고 있는 사람입니다. 하나님의 언약적 사랑, '헤세드'는 천지가 없어질지라도, 또는 우리가 하고 안 하는 행위에 따라서 변덕스럽게 바뀌지 않습니다.

신자는 이런 복음의 보장 위에서 하나님을 사랑해 평생 순종의 종으로, 의의 종으로, 하나님의 종으로 살고 싶어 합니다. 그가 바로 신자입니다. 선지자 예레미야를 통해서 주신 하나님의 말씀을 들어 보십시오.

"내가 그들에게 한 마음과 한 길을 주어 자기들과 자기 후손의 복을 위하여 항상 나를 경외하게 하고 내가 그들에게 복을 주기 위하여 그들을 떠나지 아니하리라 하는 영원한 언약을 그들에게 세우고 나를 경외함을 그들의 마음에 두어 나를 떠나지 않게 하고 내가 기쁨으로 그들에게 복을 주되 분명히 나의 마음과 정성을 다하여 그들을 이 땅에 심으리라"(렘 32:39-41).

죄인은 하나님을 멀리 떠나고 싶어 하는 치료 불능의 성향을 가지고 있습니다. 이스라엘 역사가 그것을 보여 줍니다. 그리고 우리가 죄인일 때 경험한 것 역시 마찬가지입니다. 우리는 하나님을 떠나고 싶어 했습니다. 그러나 하나님을 만난 사람, 하나님의 은혜와 사랑을 경험한 사람은 더 이상 하나님을 떠나지 않고, 떠나려고 하지도 않습니다. 선하신 하나님을 사랑해서 그분만을 영원한 왕으로 섬기며 살고 싶어 합니다. 이것은 하나님을 인격적으로 만난 모든 신자의 정상적 반응입니다.

28세의 젊은 나이에 에콰도르에서 순교한 선교사 짐 엘리엇은 20세 때 출애굽기 21장의 자원하는 종에 대한 본문을 묵상한 후 일기에 이렇게 썼습니다.

"주님, 주님은 제게 주님을 섬길 수도 있고 제 길을 갈 수도 있는 절대적 자유를 주셨음을 압니다. 저는 영원히 주님을 섬기렵니다. 주님을 사랑하기 때문입니다. 저는 자유인으로 하나님을 떠나지 않겠습니다. 제 귀를 뚫으소서. 주님, 주님의 음성에만 반응하고 살게 하소서."[10]

이것이 진정 죄에 대하여 죽었고 하나님께 대하여 산 신자의 삶입니다. 그리고 신자는 복음 안에서 하나님의 무한한 사랑과 은혜를 경험했기에 사랑으로 종노릇할 수 있는 동기와 힘을 가진 존재가 되었습니다. 신자는 주인이신 하나님을 자기 왕으로 삼고 사랑으로 종노릇하는 삶이 가장 행복하다는 것을 알고, 그렇게 살고 싶어 합니다. 이 일을 위해 그리스도께서 십자가에서 죽으셨고 부활하셨습니다. 십자가의 복음에 나타난 은혜가 오직 자기밖에 모르고 살아가는 죄인을 사랑으로 종노릇하는 신자로 변화시키는 것입니다.

우리 안에 사랑을 만들어 내는 것은 하나님의 은혜입니다. 이 은혜를 풍성하게 누리기를 바랍니다. 죄에 대하여 죽었고 그리스도와 연합한 신자는 비록 죄를 지을 수 있는 연약한 존재이지만, 사랑으로 종노릇하는 순종과 섬김으로 자신의 영적 싸움을 감당하는 자입니다. 이것이 율법이 아닌 복음 안에서 성화를 이루어 가는 길입니다.

1. 신자가 원하는 것 = 성령을 따라 하나님을 기쁘시게 해 드리고 하나님
   을 영화롭게 하고 싶은 욕구

2. 신자가 싸워야 하는 싸움 = 몸의 사욕(몸의 욕구)에 순종하지 않는 것

3. 두 세력의 대등한 싸움이 아닌 신자의 영적 싸움
   · 성령 안에 있는 '신자 자신'과 몸 안에 있는 '죄'와의 싸움
   · 자유를 얻기 위한 싸움이 아니라 지키기 위한 싸움

4. 신분에 합당한 삶을 사는 신자 = 순종의 종으로 의에 이르는 신자

5. 신자의 삶은 저절로 살아지는 것이 아님 = 그리스도인의 영적 싸움, 죄
   와의 싸움은 힘쓰고 애써야 하는 싸움이다.

6. 신자는 복음 안에서 하나님의 무한한 사랑과 은혜를 경험했기에 사랑으
   로 종노릇할 수 있는 동기와 힘을 가진 존재가 되었다.

신자의 성화 (2): 거룩의 열매 맺기

그런즉 우리가 무슨 말을 하리요 율법이 죄냐 그럴 수 없느니라
율법으로 말미암지 않고는 내가 죄를 알지 못하였으니
곧 율법이 탐내지 말라 하지 아니하였더라면 내가 탐심을
알지 못하였으리라 그러나 죄가 기회를 타서 계명으로 말미암아
내 속에서 온갖 탐심을 이루었나니 이는 율법이 없으면
죄가 죽은 것임이라 전에 율법을 깨닫지 못했을 때에는
내가 살았더니 계명이 이르매 죄는 살아나고 나는 죽었도다
생명에 이르게 할 그 계명이 내게 대하여 도리어
사망에 이르게 하는 것이 되었도다
죄가 기회를 타서 계명으로 말미암아 나를 속이고
그것으로 나를 죽였는지라 이로 보건대 율법은 거룩하고
계명도 거룩하고 의로우며 선하도다 그런즉 선한 것이
내게 사망이 되었느냐 그럴 수 없느니라 오직 죄가 죄로
드러나기 위하여 선한 그것으로 말미암아 나를 죽게 만들었으니
이는 계명으로 말미암아 죄로 심히 죄 되게 하려 함이라

롬 7:7-13

신자가 자기 안에서 벌어지는 싸움을 싸우고, 사랑으로 종노릇하면서 하나님이 주신 모든 명령을 순종해 살아가는 것이 신자의 성화입니다.

오늘날 순종을 말하거나 강조하면 율법주의라고 비난하는 극단적 주장들을 가끔 봅니다. 이것은 성화를 오해한 것입니다. 문제는 무엇이 순종의 동력이고, 종노릇함의 동력인가입니다. 그 동력은 우리의 의지가 아닌 하나님의 은혜입니다. 하나님의 은혜는 신자 안에 형제 사랑의 마음을 일으키고, 그 사랑으로 종노릇하도록 의지를 움직입니다. 그래서 신자는 사랑으로 종노릇하는 특권을 누릴 뿐 아니라 기쁨으로 주의 모든 계명에 순종의 종으로 자신을 드리게 됩니다.

우리는 계속해서 성경이 신자의 성화를 어떻게 설명하고 있는지 따라가 보려고 합니다. 성화의 삶에서 놓쳐서는 안 되는 것은 거룩의 열매입니다. 이제 우리가 살펴볼 주제는 "열매"입니다.

○

거룩의 열매를
맺지 못하는 이유

사람은 어떤 열매든 맺고 살아갑니다. 주님은 좋은 나무는 좋은 열
매를, 나쁜 나무는 나쁜 열매를 맺는다고 하셨습니다(마 7:16-20).
누구나 삶의 결과를 산출하면서 산다는 것입니다. 열매를 보면
나무를 알 수 있습니다. 우리는 어떤 열매를 맺고 살아갑니까?
예수님을 믿고 10년, 20년, 혹 그 이상을 살아오면서 어떤 열매
를 맺었습니까? 만약 열매를 맺지 못했다고 생각한다면 그 이유
는 무엇입니까?

　죄에 대하여 죽었고 그리스도와 연합한 신자가 거룩의 열매
를 맺는 것은 당연한 일입니다. 신자는 성령의 거룩한 열매를 맺
고 살아야 마땅합니다. 지금 우리가 생각해 보려는 것은 신자가
열매를 맺고 맺지 못하는 메커니즘에 대한 성경의 설명입니다.

　바울 사도는 로마서 7장 4절에서 신자들을 향한 하나님의 목
적이 '하나님을 위하여 열매를 맺게 하려는 것'이라고 분명히 말
합니다. '하나님을 위한 열매'는 갈라디아서 5장에서 말하는 '성
령의 열매'와 다르지 않습니다.

　"그러므로 내 형제들아 너희도 그리스도의 몸으로 말미암아

율법에 대하여 죽임을 당하였으니 이는 다른 이 곧 죽은 자 가운데서 살아나신 이에게 가서 우리가 하나님을 위하여 열매를 맺게 하려 함이라"(롬 7:4).

바울 사도는 이어지는 5절에서 "우리가 육신에 있을 때에는 율법으로 말미암는 죄의 정욕이 우리 지체 중에 역사하여 우리로 사망을 위하여 열매를 맺게 하였더니"라고 말했습니다. 여기서 '육신에 있을 때'라는 표현은 성령 안에 있지 않을 때, 즉 중생하기 전을 가리키는 것이 분명합니다. 예수님을 믿기 전에 우리는 사망의 열매를 맺으면서 살아왔습니다. 그런데 이제 예수 그리스도와 연합하고 그분의 신부가 되었으니 하나님을 위해 거룩한 열매를 맺어야 합니다.

우리가 성화를 말할 때 성화에 대한 두 가지 오해를 늘 염두에 두어야 합니다. 첫 번째 오해는 우리의 행위에 구원과 거룩의 근거를 두고 자기 의지로 순종함으로써 성화를 이루겠다고 하는 율법주의적 태도이고, 두 번째 오해는 오직 은혜로 구원을 받았고 하나님이 다 하시니 우리가 할 일은 없고, 죄가 더한 곳에 은혜가 더욱 넘친다고 했으니 이제 마음대로 살아도 되지 않느냐는 율법폐기론적 태도입니다.

성화에 대한 두 가지 심각한 오해는 모두 율법과 복음을 혼동함으로써 생긴 것입니다. 바울 사도는 로마서 7장에서 이 두 가지 오해를 다 무너뜨립니다.

○
율법의 신부인가,
그리스도의 신부인가?

바울 사도는 결혼 제도를 통해서 거룩의 열매를 맺는 성화의 문
제를 다룹니다. 결혼은 두 사람의 독점적이고 배타적인 관계를
전제로 합니다. 본래 하나님의 뜻 안에 있는 결혼은 '죽음이 갈
라놓을 때까지' 함께하는 것입니다. 결혼 당사자들은 두 사람 중
하나가 죽을 때만 결혼법의 구속에서 벗어나게 됩니다.

이런 점에서 남편이 죽고 재혼하는 여인을 가리켜 부정한 여
인이라고 하지 않습니다. 남편이 죽음으로써 결혼 언약에서 자
유해졌기 때문입니다. 그러나 남편이 있는 여인이 다른 남자와
결혼한다면 법에도 저촉되겠지만, 그녀를 부정한 여인이라고
부를 수 있을 것입니다. 이것이 로마서 7장 1-3절에서 바울 사
도가 한 말의 요지입니다.

"형제들아 내가 법 아는 자들에게 말하노니 너희는 그 법이 사
람이 살 동안만 그를 주관하는 줄 알지 못하느냐 남편 있는 여인

이 그 남편 생전에는 법으로 그에게 매인 바 되나 만일 그 남편이 죽으면 남편의 법에서 벗어나느니라 그러므로 만일 그 남편 생전에 다른 남자에게 가면 음녀라 그러나 만일 남편이 죽으면 그 법에서 자유롭게 되나니 다른 남자에게 갈지라도 음녀가 되지 아니하느니라."

이어지는 4-6절에서 바울 사도는 결혼 제도의 두 남편을 율법과 그리스도께 적용합니다.

"그러므로 내 형제들아 너희도 그리스도의 몸으로 말미암아 율법에 대하여 죽임을 당하였으니 이는 다른 이 곧 죽은 자 가운데서 살아나신 이에게 가서 우리가 하나님을 위하여 열매를 맺게 하려 함이라 우리가 육신에 있을 때에는 율법으로 말미암는 죄의 정욕이 우리 지체 중에 역사하여 우리로 사망을 위하여 열매를 맺게 하였더니 이제는 우리가 얽매였던 것에 대하여 죽었으므로 율법에서 벗어났으니 이러므로 우리가 영의 새로운 것으로 섬길 것이요 율법 조문의 묵은 것으로 아니할지니라."

먼저, 하나님의 은혜 밖에 있는 옛 사람은 율법과 결혼해 율법을 남편으로 둔 사람입니다. 그는 율법의 요구, 율법의 형벌 기준, 율법의 복과 저주로부터 자유로울 수 없습니다. 아담의 후손이라면 누구나 겪어야 하는 운명입니다. 그러나 하나님의 은혜로 새사람이 된 신자는 예수 그리스도와 연합하고 그리스도와 결혼한 그리스도의 신부입니다.

율법이라는 남편에게 매여 있던 내가 그리스도를 만나 결혼하려면 율법과 나의 결혼 관계가 한편의 죽음으로 끝나야만 합니다. 바울 사도는 로마서 6장 6절에서 옛 사람이 그리스도의 죽으심과 함께 죽었기 때문에 옛 남편인 율법이 더 이상 그를 주장할 수 없게 되었다고 말합니다. "그리스도의 몸으로 말미암아 율법에 대하여 죽임을 당하였으니"(롬 7:4)라는 말도 같은 의미입니다.

율법에 대하여 죽은 옛 사람은 그리스도의 부활과 함께 살아서 새사람이 되어 이제는 그리스도께 시집을 간 존재가 되었습니다. 그리스도와 연합한 것입니다. 율법과 나의 옛 결혼 관계는 나의 옛 사람이 죽음으로써 종결되었습니다. 신자는 죄에 대하여 죽은 자이며, 또한 율법에 대해서도 죽은 자가 됩니다. 율법과의 옛 결혼 관계는 신자에게 더 이상 법적 효력을 가지지 않습니다. 신자의 옛 사람은 죽었기 때문입니다.

율법이라는 남편이 하는 일은 늘 정죄하는 것이었습니다. 하지만 율법은 이제 율법에 대하여 죽은 신자를 더 이상 정죄할 수 없습니다. 이 사실을 깨닫지 못하면 구원의 확신과 그리스도 안에서의 참 자유를 누리지 못합니다. 거짓 교사들의 가르침에 속았던 갈라디아 성도들이 한때 이런 고통을 겪었습니다. 그리고 오늘날에도 적지 않은 신자가 복음에 대해 무지함으로 말미암아 복음의 은혜를 누리지 못하고 죄책감에 짓눌려 고통스러워합니다.

신자의 옛 사람은 예수님과 함께 죽었고, 그 결과 율법이라는 남편으로부터 해방되었습니다. 그리고 새로운 남편이신 예수 그리스도께 시집을 가게 되었습니다. 이것이 로마서 7장 4절, "이는 다른 이 곧 죽은 자 가운데서 살아나신 이에게 가서"라는 말씀의 의미입니다. 이것이 신자가 그리스도 안에서 누리는 새로운 신분입니다.

이 원리를 영적으로 적용할 때 우리가 분명한 입장을 가져야 하는 문제는 이렇습니다. "지금 내 남편은 율법인가, 그리스도이신가?" 신자는 그리스도께 시집간 사람, 그리스도의 신부입니다. 그리스도가 신자의 남편이시라면 신자에게 다른 남편은 있을 수 없습니다.

그렇다면 내가 지금 남편인 그리스도와 잘 살고 있는가, 아니면 옛날 남편인 율법을 자꾸 찾아가고 있지는 않는가 생각해 보아야 합니다. 옛 남편인 율법을 그리워하거나 그에게로 가는 것은 영적 음행이고 불륜입니다.

심한 말처럼 들릴지 모르지만, 바울 사도가 로마서 7장 본문에서 말하고 있는 논지가 그렇습니다. 우리가 신앙생활을 하면서 자꾸만 율법주의로 빠지려고 하고, 자기 행위 위에 신앙의 근거를 두려는 경향을 가지는 것은 조금 잘못된 일이 아닌 것입니다. 그것은 영적 음행이고 불륜이라는 사실을 기억해야 합니다. "내가 복음 안에서 그리스도와 결혼한 사람답게 살아가고 있는가?" 이것이 열매 맺는 삶의 초점이고, 성화의 핵심입니다.

○
옛 남편 율법에게로 돌아가는 한
열매를 맺을 수 없다

그리스도와 결혼한 신자가 열매를 맺는 것은 당연한 일이고, 하나님의 목적이기도 합니다. 열매를 맺는 것은 정상적인 부부가 자녀를 생산하는 것과 같은 이치입니다.

만일 그리스도와 결혼한 신부가 옛 남편인 율법과의 관계를 계속 유지하거나 유지하려고 한다면 결코 거룩의 열매를 맺을 수 없을 것입니다. 옛 남편인 율법에게로 가는 행위, 즉 율법주의는 음행입니다. 그리스도인이 율법의 정죄를 두려워하면서 살아간다면 그것은 진정한 남편이신 그리스도를 욕되게 하는 일입니다. 옛 남편에게 돌아가는 것은 새 남편에 대한 모독이고 경멸입니다.

율법을 지킴으로 의로워지려고 하고, 율법에 순종함으로써 하나님의 인정을 받으려고 하는 모든 태도는 은혜를 모를 때 도덕적 삶으로 신앙을 추구하던 것과 조금도 다름없는 종교적 삶입니다. 이것은 영적 음행입니다.

율법주의가 우리의 신앙을 지배하는 한 우리는 율법의 열매밖에는 맺을 수 없습니다. 그 열매의 한쪽 끝에는 자기 의가 있고, 다른 쪽 끝에는 낙심과 좌절이 있습니다. 율법이라는 남편과 사이가 좋으면 자기 의를 낳고, 사이가 나빠도 낙심과 좌절이라는 열매를 낳습니다. 이것은 모두 율법의 열매입니다.

그러므로 복음 안에서 하나님이 우리에게 주신 은혜와 자유를 온전히 누리고, 남편이신 그리스도와 사랑의 관계를 누리는 것은 중요합니다. 그러면 자연스럽게 하나님을 위해 거룩의 열매를 맺게 됩니다. 이것이 복음의 열매입니다.

옛 남편인 율법에게로 가면 거룩의 열매를 맺을 수 없습니다. 율법주의가 맺는 최고의 열매는 거룩함으로 위장된 자기 의뿐입니다.

○

율법과 죄의 기만성

그러면 사람들은 "문제는 율법이구나!"라고 잘못된 결론을 내리기 쉽습니다. 이런 오해를 피하려고 바울 사도는 로마서 7장 7절에서 "그런즉 우리가 무슨 말을 하리요 율법이 죄냐 그럴 수 없느니라"라고 말합니다. '문제는 율법이 아니라 죄'라는 것이 로마서 7장 7-13절의 내용입니다. 율법은 바울 사도가 로마서 7장 12절에서 말한 대로 거룩하고, 의로우며, 선합니다. 그는 율법 덕분에 도리어 죄와 탐심을 알게 되었다고 말합니다(롬 7:7).

○

"계명이 이르매"(롬 7:9)

율법 덕분에 죄와 탐심을 알게 되었다는 말이 무슨 뜻입니까? 바울 사도가 처음부터 죄의 진상과 탐심의 거대한 힘을 알았던 것은 아닙니다. 로마서 7장 9절에서 그는 "전에 율법을 깨닫지 못했을 때에는 내가 살았더니 계명이 이르매 죄는 살아나고 나는 죽었도다"라고 고백합니다.

여기에 두 시제가 있습니다. '전에 율법을 깨닫지 못했을 때'가 있고, '계명이 이르매'라고 말할 수 있는 때가 있습니다. 여기서 '율법'과 '계명'은 같은 의미로 사용되었습니다. '전에 율법을 깨닫지 못했을 때'의 원문을 직역하면, '전에 율법 없이 살았을 때'가 됩니다. 엄밀히 말해서 인류 역사에 율법이 없었던 때는 없습니다. 하나님이 처음부터 아담에게 "선악을 알게 하는 나무의 열매는 먹지 말라"(창 2:17)라는 율법을 주셨기 때문입니다. 그러므로 '전에 율법을 깨닫지 못했을 때'라는 말은 의미를 잘 살린 번역입니다.

더구나 바울 사도는 바리새인 율법학자로서 어려서부터 율법을 배우고 실천하며 살았던 인물입니다. 그러니 그가 율법 없이 살았다고 말할 수 있는 때가 분별력이 없던 유아기를 가리키는 것이 아니라면 그러한 때는 없었다고 할 수 있습니다. 그렇다면 바울 사도는 자신이 율법을 가지고 평생 살았지만, 어느 순간 율법을 제대로 깨닫게 되었다는 의미에서 이 말을 했다고 볼 수 있습니다. 이것이 "계명이 이르매"라는 말의 의미입니다.

바울 사도는 그 전과 후를 분명하게 구분합니다. 그가 율법을 깨닫게 되었을 때 어떤 일이 일어났다는 것입니까? 그때 "죄는 살아나고 나는 죽었다!"고 말합니다. 율법이 원의도대로 깨달아졌을 때 그의 죄가 살아나고 그 자신은 죽게 되었습니다. 이 고백의 의미를 알기 위해서 로마서 7장 7절을 좀 더 살펴볼 필요가 있습니다.

○

죄의 본질을 알았다(롬 7:7)

바울 사도는 "율법으로 말미암지 않고는 내가 죄를 알지 못하였으니 곧 율법이 탐내지 말라 하지 아니하였더라면 내가 탐심을 알지 못하였으리라"(롬 7:7)라고 말합니다. 그는 율법을 통해 죄와 탐심을 알게 되었다고 말합니다.

당신은 바울 사도가 율법 덕분에 죄를 알게 되었다고 말했을 때와 같은 의미로 죄를 알고 있습니까? 그렇다면 바울 사도가 이전에는 죄를 몰랐다는 말을 한 것일까요?

여기에 중생한 사람과 중생하지 않은 사람의 죄에 대한 인식의 차이가 있습니다. 죄를 진정 아는 사람은 거듭난 사람입니다. 거듭나지 않은 자연인은 죄의 진정한 의미를 알 수 없습니다. 기껏해야 도덕관념의 수준에서, 옳고 그름의 기준에서 죄를 상대적이며 주관적으로 이해할 뿐입니다. 사람마다 정도의 차이가 있겠지만, 자연인은 성경이 말하는 죄의 진상을 결코 알 수 없습니다.

사람이 죄의 본질과 성격을 성경이 가르치는 대로 알게 될 때 어떤 일이 일어날까요? 그때 그는 자기 영혼에 대한 진정한 고민을 시작하고 간절히 구주를 찾게 될 것입니다. 만일 어떤 사람이 이런 고민을 하고 있고 간절히 구주의 존재를 찾고 있다면 그는 율법을 통해서 죄를 제대로 알기 시작한 것입니다. 바울 사도는 자신이 죄의 본질과 성격을 알게 된 것이 율법을 통해서였다고 말합니다.

로마서 7장 13절에 의하면, 율법은 '죄가 죄로 드러나게' 하는 역할을 합니다. 율법의 제1용법입니다. 사도 바울은 로마서 7장 8절에서 "율법이 없으면 죄가 죽은 것임이라"라고 말하는데, 이것은 자신이 율법의 진정한 의미를 깨닫기 전에는 죄를 짓지 않는다고 생각했고, 율법의 기준을 만족시키면서 살고 있다고 여겼다는 의미입니다. 자기 의가 시퍼렇게 살아 있었던 것입니다.

죄가 죄로 드러나지 않으면 자아는 살아나고 자기 의는 고개를 듭니다. 하지만 율법을 깨달아 죄가 죄로 드러나게 되면 자아는 죽습니다. 자기 자신의 죄를 제대로 인식하게 된 죄인은 고개를 빳빳이 들기가 어렵고 할 말이 없는 법입니다. 고개를 들고 할 말이 많다는 것은 자기 죄를 모른다는 의미이고, 자아가 살아 있다는 뜻입니다.

바리새인이었던 바울 사도는 율법의 진정한 의미를 깨닫는 순간, 하나님의 영광에 이르지 못하는 죄인이며 하나님께 반역을 행한 죄인으로서, 하나님의 진노 아래서 영원히 벗어날 길이 없는 자신의 존재를 발견한 것입니다.

○

죄와 탐심의
가공할 능력을 알았다(롬 7:7-8)

바울 사도는 율법을 통해서 탐심을 알게 되었다고 이어서 말합니다. 이것은 전에 탐심이 무엇인지 몰랐다는 뜻이 아닙니다. 자기 안에 있는 탐심이 얼마나 무서운 것인지 그 가공할 능력을 알게 되었다는 말입니다.

로마서 7장 8절, "죄가 기회를 타서 계명으로 말미암아 내 속에서 온갖 탐심을 이루었나니"라는 말씀은 죄와 탐심의 본질을 이해하는 데 중요합니다. '죄가 기회를 타서 계명으로 말미암아'라는 말은 죄가 계명 곧 율법을 지렛대로 이용한다는 뜻입니다. 지렛대의 원리를 이용하면 어떤 일을 손쉽게 할 수 있습니다. 바울 사도는 죄가 율법을 지렛대로 이용해서 더 쉽게 죄를 짓게 한다고 말한 것입니다.

어떻게 그럴 수 있습니까? '내 속에서 온갖 탐심을 이루었나니'라는 말이 그것을 설명합니다. 여기서 '이루었나니'라는 말은 '반드시 이루어 내고야 만다'라는 강한 표현입니다. 죄는 계명을 지렛대로 이용해서 우리의 양심과 도덕관념과 기준의 저항을 무장 해제시키고 우리를 자기 의에 사로잡힌 종교적 위선자로 만들고 맙니다. 자기의 목표를 이루어 낸다는 뜻입니다. 죄는 율법을 악용함으로써 행위의 성취를 통해 자아를 높이고 자기 의의 포로가 되게 합니다. 또한 단순한 탐심이 아니라 '온갖' 탐심이라고 한 것은 생각할 수 있는 모든 종류의 탐심이라는 뜻입니다.

여기서 바울 사도는 죄가 얼마나 강력한지, 자기 목적을 위해 하나님의 선한 율법조차 악용해 자기 속에서 온갖 탐심을 이루어 냄으로써 목적을 성취할 만큼 강력하다는 것을 알게 되었다고 말합니다.

가령, "나는 이 시대에 하나님의 거룩한 종이 되겠다"라고 다짐한다고 해 봅시다. 이것이 무슨 나쁜 일을 하겠다는 생각은 아니지 않습니까? 하지만 죄는 그것을 탐심이 되게 하고, 야심으로 바꾸어 냅니다. 우리의 신앙생활에서 이런 일은 허다하게 일어납니다. 교회를 섬기면 섬길수록 우리의 섬김과 봉사, 그리고 헌신이 공로가 되고, 자기 의가 될 수 있습니다. 바울 사도는 율법을 통해서 거룩하고 선한 것조차 탐심으로 변질시키는 죄의 무서운 능력을 알게 되었다고 말한 것입니다.

오늘날의 성교육도 비슷합니다. 성교육은 아이들이 성적인 죄를 범하지 않게 하는 효력을 가지지 않고, 도리어 성에 대한 호기심을 부추기거나 안전한 섹스라는 교묘한 죄악들을 만들어 내는 부작용을 낳습니다. 인간 안에 있는 죄가 성 지식을 지렛대로 이용해 탐심을 이루고, 결국 자기 목적을 이루어 내기 때문입니다. 뉴스 매체들의 선정적이고 불필요할 만큼 자세한 범죄 기사들도 마찬가지입니다. 이런 기사들은 죄인의 마음속에 범죄를 자극하고 모방하게 만듭니다.

죄를 가볍게 생각하지 마십시오. 죄는 우리의 영혼을 영원한 지옥에 보낼 만큼 강력합니다. 죄는 모든 선한 것을 하나님을 대적하고 하나님께 반역하는 도구로 전락시킬 만큼 기만적입니다. 죄는 하나님이 우리의 유익을 위해서 주신 율법조차도 영적 죽음의 도구로 변질시킬 만큼 무서운 힘을 가졌습니다.

죄의 본질을 꿰뚫는 이런 깨달음이 어떻게 주어졌습니까? 바울은 율법을 깨달았을 때 비로소 자신 안에 있는 죄의 본질을 알게 되었던 것입니다. 이런 죄와 탐심의 작용에 대해 무지하면 우리의 선한 봉사와 섬김이 복음의 열매가 아닌 율법의 열매를 맺게 되는 일을 피할 수 없을 것입니다.

○
문제는 율법이 아니라
죄의 기만성이다(롬 7:11)

바울 사도가 전한 복음, 즉 선한 행위나 율법 준수를 통해서가 아니라 오직 믿음으로 하나님께 의롭다 하심을 얻는다는 복음을 들은 사람들은 그가 율법을 무시한다고 비난했습니다. 그래서 바울 사도는 자기가 율법을 무시한 것이 아니라는 점을 변호해야 했습니다. 그래서 율법은 거룩하고, 의롭고, 선하다고 말합니다(롬 7:12). 문제는 율법이 아니라는 것입니다. 율법마저도 무력하게 만들 뿐 아니라 도리어 율법을 지렛대로 이용해서 사람의 마음속에 온갖 탐심을 이루어 내고야 마는 죄가 문제입니다. 바울 사도는 로마서 7장 11절에서 "죄가 기회를 타서 계명으로 말미암아 내 속에서 온갖 탐심을 이루었나니"라는 7장 8절 말씀을 부연합니다.

"죄가 기회를 타서 계명으로 말미암아 나를 속이고 그것으로 나를 죽였는지라."

죄가 계명으로 말미암아 자기를 속였다고 말합니다. 죄의 기만성은 사람에 따라 다양하게 나타납니다. 바리새인이요 율법학자였던 바울 사도에게 죄는 이렇게 속삭였을 것입니다. "너는 율법을 매우 잘 지키는 바리새인이다. 너는 율법을 사랑해서 밤낮으로 율법을 읽지 않느냐? 너만큼 힘들게 율법을 지키면서 사는 사람이 어디 있느냐? 너는 법 없이도 살 사람이다."

성전에 기도하러 온 바리새인과 세리에 대한 주님의 비유를 생각해 보십시오.

"바리새인은 서서 따로 기도하여 이르되 하나님이여 나는 다른 사람들 곧 토색, 불의, 간음을 하는 자들과 같지 아니하고 이 세리와도 같지 아니함을 감사하나이다 나는 이레에 두 번씩 금식하고 또 소득의 십일조를 드리나이다 하고"(눅 18:11-12).

이 비유는 예수님이 "자기를 의롭다고 믿고 다른 사람을 멸시하는 자들"(눅 18:9)에게 주신 말씀입니다. 바로 이 사람들의 태도가 죄의 기만성을 적나라하게 보여 줍니다.

바울 사도는 선한 율법마저 지렛대로 이용해서 자기를 기만하던 죄의 능력을 말합니다. 죄가 계명을 이용해서 나를 속이는 것이 죄의 기만성이요, 죄의 가공할 능력입니다. 그래서 종교적 위선보다 무서운 것은 없습니다.

죄는 다양한 방식으로 우리를 속입니다. 죄를 지은 후에 신자들을 절망과 낙심 가운데로 몰아감으로써 기만합니다. 또는 "괜찮아. 죄를 지었지만 은혜가 넘칠 거야"라고 말해 죄와 율법을 우습게 여기게 함으로써 기만합니다.

율법에 대한 적대감을 주거나 율법의 요구가 부당하다고 느끼게 하는 것도 죄의 기만성입니다. "나는 자유인인데 왜 율법의 제약을 받아야 하지?"라고 하며 율법 자체를 부인하게 함으로써 기만하기도 합니다.

"너는 가장 훌륭한 그리스도인이고 네 봉사와 헌신이 없이는 교회가 설 수 없었어"라고 말하면서 우리의 자기 의를 부추김으로써 우리를 기만합니다. 죄는 우리 자신의 자아를 한껏 살려 주고, 높여 주고, 아첨하는 방식으로 우리를 기만합니다. 이것이 죄의 극악한 기만성이고 지배력입니다.

문제는 율법이 아닙니다. 신령하고, 거룩하고, 선한 율법을 자기 목적을 위한 도구로 능히 바꿔 내는 죄의 능력과 기만성이 문제입니다.

당신은 과연 죄의 이런 성격을 알고 있습니까? 바울 사도는 율법을 깨달은 순간, 죄의 진상을 알게 되었고 자기 속에 이루어진 온갖 탐심을 보았습니다. 자신의 실존 안에서 죄를 인식한 것입니다.

O

율법 없는 복음,
곤고한 외침 없이 주어지는 구원 선포

이때 탄식이 터져 나옵니다.

"오호라 나는 곤고한 사람이로다 이 사망의 몸에서 누가 나를 건져 내랴"(롬 7:24).

'곤고하다'라는 말은 피곤하고 지쳤다는 의미가 아니라, 자기의 처지가 비참하다는 뜻입니다. 이 탄식은 율법이 죄를 죄 되게 함으로써 죄인의 마음을 찢어 놓고 죄인의 자아를 죽인다는 것을 잘 보여 줍니다. 만일 이렇게 율법을 통해 죄를 인식하는 일이 일어나지 않는다면 그는 자기가 누구인지 모르는 채 지옥문에 들어갈 때까지 죄에게 기만당해 거짓된 자기만족을 안고 살아가게 될 것입니다. 심지어 매 주일 교회에 나오고, 매일 성경을 읽으면서도 말입니다.

바울은 계명이 깨달아졌을 때 예전에 가졌던 자기만족과 자기의가 사라지고, 죽었던 죄가 살아나고 자아가 죽는 절망을 경험했습니다. 거기서 그는 로마서 7장 24절의 탄식을 외친 것입니다.

율법이 심령을 찢어 놓을 때, 하나님의 심판과 진노 아래 처한 자신을 볼 때 사람은 이런 탄식을 하게 됩니다. 율법이 깨달아졌을 때 율법이 자신을 죄의 능력으로부터 구원해 줄 수 없다는 사실을 깨닫고 절망하는 것입니다. 율법은 그를 절망의 비참함에서 건져 낼 수 없습니다. 그래서 "이 사망의 몸에서 누가 나를 건져 내랴"라고 탄식하면서 구원자를 간절히 찾게 됩니다.

○
율법의 한계:
율법이 할 수 없는 일

여기까지가 율법의 제1용법에 있어서 율법이 하는 일입니다. 율법은 죄가 죄로 드러나게 하고, 결국 자아를 죽게 합니다. 이것이 율법을 경험하는 일입니다. 율법을 경험한 다음에는 어떤 일이 일어납니까? 율법을 통해 자신만만하던 자아가 죽고 자신이 죄인이라는 인식을 하게 되었는데, 문제는 그 율법이 내 안에 일으킨 문제를 하나도 해결해 줄 수 없다는 것입니다.

율법이 하는 일은 정죄하고, 형벌의 선고를 내리고, 우리를 저주 아래 두는 것입니다. 죄를 죄로 깨닫고 "오호라 나는 곤고한 사람이로다 이 사망의 몸에서 누가 나를 건져 내랴" 하고 탄식하는 사람에게 율법은 구원과 생명을 주지 못합니다. 이것이 율법의 한계입니다. 바울 사도는 이렇게 말합니다.

"율법이 육신으로 말미암아 연약하여 할 수 없는 그것을 하나님은 하시나니 곧 죄로 말미암아 자기 아들을 죄 있는 육신의 모양으로 보내어 육신에 죄를 정하사"(롬 8:3).

여기서 '율법이 할 수 없는 일'이 무엇입니까? 율법은 정죄할 뿐 죄를 없애 주거나 우리를 죄책에서 건져 주지 못합니다. 우리를 의롭게 하지도 못합니다. 율법은 우리가 하나님 앞에 서기 위해서 필요한 완전한 의를 주지 못합니다.

죄인의 딜레마는 스스로 벗어날 수 없는 하나님의 진노 아래 있다는 사실입니다. 하나님의 진노 아래 있는 사람이 필요로 하는 것이자 풀어야 하는 숙제는 두 가지입니다. 죄책에서 면제되는 것과 하나님 앞에 설 수 있는 의로움을 얻는 것입니다. 율법은 정죄만 할 뿐 어느 것도 제공하지 못합니다.

이것은 율법 자체의 무능력 때문이 아닙니다. 우리 육신의 무능함 때문입니다. 죄인이 율법이 요구하는 완전한 의를 이루고 순종할 능력이 없다는 것이 문제입니다. 만일 인간이 율법에 완전히 순종할 수 있다면 율법은 죄책 대신에 의로움을 줄 것입니다. 문제는 완전한 순종이 불가능하다는 것입니다. 이것이 '율법이 육신으로 말미암아 연약하여 할 수 없는 그것'이라는 말이 의미하는 바입니다.

○

율법에서 복음으로

바울 사도는 율법이 할 수 없는 것을 하나님이 하셨다고 말합니다(롬 8:3). 이것이 복음입니다. 율법이 일한 자리에서, 또한 율법이 더 이상은 할 수 없는 자리에서 복음은 시작됩니다.

율법이 일한 자리는 죄를 죄 되게 하고, 죄인의 죄를 드러내고 정죄하는 자리입니다. 율법은 거기까지만입니다. 율법은 죄를 깨달은 죄인을 죄책에서 벗어나게 해 주지 못하고, 하나님 앞에 설 수 있는 의로움을 얻게 해 주지도 못합니다. 여기서 복음이 일하기 시작합니다. 성삼위 하나님이 죄인의 딜레마를 한꺼번에 해결해 주십니다. 바울 사도는 복음의 내용을 설명하는 로마서 8장 3절 하반 절과 4절에서 성삼위 하나님을 모두 언급하고 있습니다.

"[하나님이] 죄로 말미암아 자기 아들을 죄 있는 육신의 모양으로 보내어 육신에 죄를 정하사 육신을 따르지 않고 그 영을 따라 행하는 우리에게 율법의 요구가 이루어지게 하려 하심이니라."

이 모든 일을 행하시는 분은 성부 하나님이십니다. 하나님은 자기 아들, 성자 하나님을 속죄 제물로 보내셨습니다. 어떻게 보내셨습니까? '죄 있는 육신의 모양으로' 보내셨습니다. 이는 주님이 죄를 가지고 오셨다는 말이 아닙니다. 예수님은 '죄 있는 육신'이 아니라 '죄 있는 육신의 모양'으로 오셨습니다.

성경은 주님이 성육신하신 것이 죄 없이 성령으로 잉태되셨고, 죄 없는 인성을 취하신 것이라고 분명하게 말합니다. 하지만 주님은 죄 있는 육신의 모양을 우리와 똑같이 입으심으로써 인간의 연약함, 슬픔, 고통, 피곤함을 아셨습니다. 이처럼 성자 하나님이 완전한 인간이 되어 십자가에 죽으심으로써 성부 하나님은 죄인의 죄를 심판하셨습니다. 이것이 '육신에 죄를 정하사'라는 말의 의미입니다.

이로써 하나님은 우리에게 율법의 요구가 이루어지게 하셨습니다. 율법의 요구는 소극적으로는 죄에 대한 형벌과 저주이고, 적극적으로는 거룩하고 의로운 삶입니다. 주님은 육신으로 오셔서 택한 백성을 대신해 이 두 가지를 완벽하게 이루셨습니다.

많은 사람이 예수님이 이루신 '율법의 요구'는 우리의 죄를 담당해 죽으심으로 우리를 죄책에서 면제되게 하신 일이라고만 생각합니다. 이것은 복음을 축소시키는 오해입니다. 주님이 우리를 위해서 이루신 일을 이렇게만 알게 되면 거룩함의 열매를 맺고 살아가는 일은 신자 개인의 몫이 되고 맙니다. 그 결과 사람들은 거룩함의 열매를 맺기 위해 옛 남편인 율법에게로 가게 됩니다. 그리고 성공하면 자기 잘남을 드러내고, 실패하고 넘어지면 죄책감의 포로로 붙잡히게 됩니다. 그래서 사도 바울은 로마서 7장에서 신자가 이와 같이 율법주의로 돌아가는 것은 '영적 음행'이라고 강하게 지적한 바 있습니다.

복음은 죄 있는 육신의 모양으로 오신 그리스도께서 아담의 자손인 우리에 대한 율법의 일부 요구가 아니라 모든 요구를 다 이루어 주신 일입니다. 그래서 바울 사도는 고린도전서 1장 30절에서 이렇게 말합니다.

"너희는 하나님으로부터 나서 그리스도 예수 안에 있고 예수는 하나님으로부터 나와서 우리에게 지혜와 의로움과 거룩함과 구원함이 되셨으니."

그리스도께서는 우리의 의로움과 구원함만 되신 것이 아니라 우리의 거룩함도 되셨습니다. 예수님은 죽으시기 위해서만 오신 것이 아닙니다. 예수님은 둘째 아담으로서 율법 아래 오셔서 모든 율법을 완전하게 능동적으로 순종하심으로써 택한 백성을 위해 율법의 의를 얻으셨습니다. 이것은 모든 믿는 자에게 당신의 의를 전가해 주시기 위함이었습니다. 그렇게 그리스도께서는 우리의 의로움도, 거룩함도 되셨습니다. 이것이 복음입니다.

이 일이 누구에게 일어났습니까? '육신을 따르지 않고 그 영을 따라 행하는 우리', 곧 신자에게 일어난 일입니다. 그리스도인은 육신을 따라 사는 자가 아닙니다. 모든 그리스도인에게는 성령이 내주하시기에, 그는 근본적으로 성령을 따라 사는 사람입니다. 하나님에게서 난 자는 전과 같이 육신을 따라 죄 가운데서 살아가지 않습니다. 이 점에서 신자는 육신을 따르지 않고 '영(성령)을 따라 행하는 자'입니다.

그런데 왜 바울 사도는 로마서 8장 3-4절에서 율법의 요구를 이루어지게 하는 복음을 설명하면서 성삼위 하나님을 언급했을까요? 우리의 구원은 우리의 결정이나 의지, 선행이나 봉사, 감정이나 느낌에 근거하지 않고, 성삼위 하나님이 친히 계획하시고, 실행하시고, 택한 백성에게 적용하신 은혜에 근거한다는 것을 보여 주기 위해서입니다. 이렇게 그리스도인이 얻은 구원은 확실하고 흔들릴 수 없는 구원이라는 것입니다.

확신은 중요합니다. 물론 우리는 확신이 아니라 믿음으로 구원을 받지만, 확신이 없다면 우리가 어떻게 하나님의 영광을 바라고 즐거워할 수 있겠습니까(롬 5:2)? 어떻게 환난 중에도 즐거워할 수 있겠습니까(롬 5:3)? 확신이 없다면 어떻게 죄와 율법에서 자유한 자로 담대하게 마귀를 대적하며 살아갈 수 있겠습니까?

존 번연의 《천로역정》에서 두려움 씨(Mr. Fearing)는 참된 신자였지만 늘 의심과 두려움이 많았습니다. 그가 가지고 있지 않은 것이 확신이었습니다. 확신은 모든 신자가 누리도록 하나님이 주시는 선물입니다. 많은 경우, 복음에 대한 무지가 신자들에게서 확신과 기쁨을 빼앗아 갑니다. 우리가 말씀을 지속적으로 읽고, 점점 더 단단한 식물을 먹도록 성장해야 하는 이유가 여기에 있습니다(히 5:14).

로마서 8장에서 바울 사도가 보여 주고 싶어 한 것은 구원이 우리에게서 나오지 않는다는 것입니다. 구원은 나의 열심이나 선함, 노력이 아니라 오직 성삼위 하나님께 근거하고, 성삼위 하나님이 친히 이루신 것이고, 이루실 것입니다. 구원은 변덕스럽고 불안정한 내가 아니라 불변하시고 영원하신 하나님이 이루신 일이기에 확실하다는 것입니다.

두려움 씨와 같이 참된 믿음 가운데 있지만 확신이 없고 의심이 일어난다면 로마서 8장을 읽고 묵상하기를 권합니다. 여기에 하나님이 친히 이루어 주신, 그래서 이 세상 그 어떤 것으로도 끊어 낼 수 없는 하나님의 사랑이 있습니다.

○

정죄함이 없다!

죄책과 죄책감의 문제는 아담이 범죄한 이래 아담과 그 후손들이 가진 해결할 수 없는 문제였습니다. 하나님이 범죄한 아담을 부르실 때 아담은 이렇게 말했습니다.

"내가 동산에서 하나님의 소리를 듣고 내가 벗었으므로 두려워하여 숨었나이다"(창 3:10).

이것이 바로 정죄에 대한 두려움, 죄책, 죄책감의 문제입니다. 죄인은 이 실존을 벗어날 수 없습니다. 무신론은 우리의 의식 안에서 두려움과 죄책을 강제적으로 제거하기 위해서 하나님을 제거하려는 의식, 무의식의 시도일 뿐입니다. 율법의 힘은 바로 죄책과 죄책감의 약점을 이용해 죄인을 다스리는 데 있습니다. 율법은 "너는 죄인이다! 네가 어디 감히 눈을 똑바로 뜨느냐!" 라고 말합니다. 그러나 여기에 복음의 반전이 있습니다. 로마서 8장 1절입니다.

"그러므로 이제 그리스도 예수 안에 있는 자에게는 결코 정죄함이 없나니."

그리스도 안에 있는 자에게 율법의 정죄는 없습니다. 그는 정죄에서 해방되었습니다. 많은 신자가 '죄를 자백하고 용서를 구하면 정죄함이 없다'고 이 말씀을 오해합니다. 이 말씀은 죄를 짓고 회개하면 그 순간에 정죄함에서 벗어나고, 다시 죄를 지으면 또 정죄함 아래로 들어간다고 말하지 않습니다. 바울 사도는 '죄를 회개하는 자에게는'이라고 말하지 않고 '그리스도 예수 안에 있는 자에게는' 정죄함이 없다고 말합니다.

'그리스도 예수 안에 있는 자'는 그리스도를 믿음으로 하나님의 자녀가 된 신자입니다. 신자는 그리스도 안에 있다가 밖으로 나왔다가 다시 들어가기를 반복하는 사람이 아닙니다. 그리스도 안에 있는 신자는 영원히 그리스도 안에 있는 존재입니다.

'고도의 거룩한 삶을 영위하는 신자에게는 정죄함이 없다'는 것이 아니고, '성자의 반열에 오른 특별한 사람에게는 정죄함이 없다'는 말도 아닙니다. 누구든지 '그리스도 예수 안에 있는 자에게는' 정죄함이 없습니다.

그리스도 안에 있는 자에게는 이제와 영원토록 정죄함이 없습니다. 이것은 과거와 현재와 미래, 그리고 영원히 변하지 않는 사실입니다. 성삼위 하나님이 행하신 일이기에 확실합니다. 이것이 복음입니다.

신자의 죄는 불신자의 죄처럼 지옥에 가는 죄가 아닙니다. 신자의 죄는 사랑하는 아버지의 마음을 상하게 하는 것입니다. 불신자의 모든 죄는 율법을 범하고 율법의 정죄 아래로 들어가는 죄이지만, 신자의 죄는 하나님의 마음을 상하게 함으로 아버지와의 복된 교제를 가로막는 죄입니다. 물론 그렇다고 해서 신자가 죄를 가볍게 여기게 되지는 않습니다. 하나님의 자녀는 사랑하는 하나님 아버지의 마음을 상하게 하는 것을 너무나 싫어하고 두려워하기 때문입니다.

아무리 연약한 믿음을 가졌더라도 하나님의 자녀에게 정죄는 없습니다. 그래서 신자는 죄를 지을 때마다 정죄함 아래로 가지 않고(가서는 안 되고), 그 죄로 인해 부끄러움을 가지게 됩니다. "내가 이렇게 큰 은혜를 받은 하나님의 자녀인데 이런 죄를 범했구나. 참으로 부끄럽도다" 하는 것입니다.

당신은 그리스도 안에 있습니까? 그리스도를 믿습니까? 그리스도 외에는 자신의 인생과 영원에 아무런 소망도 없다는 것을 믿습니까? 그리스도 없이는 하나님의 진노를 피할 수 없는 운명이라는 사실을 알고 있습니까? 지옥의 형벌을 면하고 하나님 앞에서 구원을 얻기 위해 스스로 아무것도 할 수 없는 무력한 존재라는 사실을 알고 있습니까? 그래서 그리스도께 피했습니까? 하나님의 자비와 긍휼을 구했습니까? 주 예수 그리스도의 십자가 복음 안에 나타난 하나님의 은혜 외에는 아무것도 바랄 것이 없다는 사실을 알고 믿습니까?

그렇다면 당신에게는 정죄함이 없습니다. 이제와 영원히 말입니다. 비록 당신이 어떤 죄를 짓는다고 할지라도 당신에게는 정죄함이 없으며, 당신은 죄와 사망의 법에서 해방된 하나님의 자녀라는 사실을 기억하십시오! 바울 사도는 로마서 8장 2절에서 그리스도인에게 정죄함이 없게 된 근거를 설명합니다.

"이는 그리스도 예수 안에 있는 생명의 성령의 법이 죄와 사망의 법에서 너를 해방하였음이라."

그리스도 안에 있는 생명의 성령의 법이 죄와 사망의 법에서 그리스도인을 해방시킨 일이 일어났기 때문에 그리스도 안에 있는 자에게 정죄함이 없는 것입니다. 이 일로 율법이 더 이상 신자 안에서 왕 노릇 하지 못하게 되었기 때문에 신자에게는 정죄함이 없습니다. 이제 신자 안에서 왕 노릇 하는 것은 은혜입니다.

그리스도 예수 안에 있는 은혜가 율법을 이겼기 때문에 예수 그리스도 안에 있는 자에게는 정죄함이 없습니다. '해방하였음이라'라는 말의 헬라어 시제는 단번에 성취되고, 이루어지고, 끝난 일임을 알려 줍니다. 주님이 십자가에서 죽으시면서 "다 이루었다"(요 19:30) 하신 말씀이 그것입니다.

우리가 매일 죄와 싸워 이김으로써 정죄함이 없는 것이 아닙니다. 그리스도의 죽으심과 부활을 통해 은혜가 율법으로부터 신자를 해방시킨 일이 일어났기 때문에 그리스도인에게는 영원히 정죄가 없습니다. 이것이 복음입니다. 신자는 이 복음 위에서만 복음의 열매를 맺어 하나님을 영화롭게 하게 됩니다. 우리 안에 이 놀라운 일을 시작하셨고, 친히 이루셨고, 마지막 날까지 이루실 성삼위 하나님께 찬송과 영광과 존귀를 올려 드립시다.

| **확신 노트** |

1. 신자의 특징
- 신자 = 그리스도께 시집간 사람
- 열매 맺는 삶 → 하나님을 위한 열매, 거룩의 열매, 성령의 열매

2. 율법과 율법주의를 구분하라
- 율법주의의 열매 → 자기 의
- 율법 = 하나님이 주신 계명으로 선하고, 의롭고, 신령한 것
- 율법주의 = 모든 것이 자신의 행위에 달렸다고 여기는 것

3. 율법주의로 인한 오해
- 율법으로 성화를 이룬다는 생각(율법주의, 도덕주의) → 성화는 은혜로만 이루어짐
- 율법은 필요 없고 하나님이 하신다는 생각(율법폐기론, 도덕률폐기론) → 복음은 신자를 방종으로 인도하지 않음

4. 율법과 결혼 관계에 있는 한 선한 열매를 결코 열매 맺을 수 없음
- '율법과 결혼한 사람'이 맺는 열매: 자기 의
- '그리스도께 시집간 사람'이 맺는 열매: 하나님을 위한 거룩한 열매

5. 죄의 놀랄 만한 능력은 무엇인가?
- 죄 → 그리스도와 신자의 결혼 관계를 방해함
- 죄의 기만성: 죄가 율법을 악용할 때
  - 우리는 행위의 성취를 통해 자아를 높이고, 자기 의를 만들어 내게 됨
  - 종교적 위선자나 자기 의의 포로가 될 수 있음

6. 율법과 복음
- 율법: 우리 죄의 참혹함을 보여 주고 우리 자신을 깨닫게 함
- 복음: 율법이 드러내 준 우리의 참혹한 죄가 오직 예수 그리스도를 통

해 전부 용서받았다는 '기쁜 소식'임

· 율법 → 은혜의 탄식 → 우리를 복음으로 이끎

7. 하나님의 율법을 통해 죄의 심각성을 깨달은 사람만이 복음의 진정한
가치와 기쁨을 누릴 수 있다.

칭의와 복음

그러므로 우리가 믿음으로 의롭다 하심을 받았으니
우리 주 예수 그리스도로 말미암아 하나님과 화평을 누리자
또한 그로 말미암아 우리가 믿음으로 서 있는 이 은혜에
들어감을 얻었으며 하나님의 영광을 바라고 즐거워하느니라
다만 이뿐 아니라 우리가 환난 중에도 즐거워하나니
이는 환난은 인내를, 인내는 연단을,
연단은 소망을 이루는 줄 앎이로다
롬 5:1-4

지금까지 우리는 율법과 복음을 구분하는 것에서 신자의 정체성을 이해하는 문제를 다루었고, 신자가 싸우는 영적 싸움의 본질과 어떻게 이 싸움을 감당함으로써 거룩한 열매를 맺을 수 있는가 하는 문제를 다루었습니다. 이제 우리가 두 장에 걸쳐 다루려는 주제는 "칭의와 중생"입니다.

우리 가운데 적지 않은 사람들이 칭의와 중생의 교리를 배운적이 있을 것입니다. 그러나 우리는 여기서 우리의 구원에 대한이 놀라운 두 교리가 어떻게 "율법과 복음"이라는 주제와 연결되어 있는가를 살펴보려고 합니다. 칭의와 중생의 교리 역시 율법과 복음이라는 틀에서 이해할 때 훨씬 더 실제적이고 유익한교리로서, 우리의 신앙생활을 위한 견고한 토대가 될 것입니다.

○

칭의와 중생의 차이

복음은 하나님이 그리스도 안에서 죄인을 위해 행하신 일입니다. 첫째로 그리스도께서 율법을 온전히 순종하심으로써 율법이 요구하는 의를 믿는 자들을 위해 다 이루셨고, 둘째로 그리스도께서 십자가에서 죽으시고 부활하심으로써 율법이 요구하는 죄의 형벌을 믿는 자들을 위해 완전히 다 받으셨습니다.

하나님이 우리를 위해 행하신 일을 살펴보기 위해서는 본래 죄인이 가진 두 가지 딜레마를 알아야 합니다. 먼저, 죄인은 죄의 권세에 묶여 있는 존재입니다. 그 결과, 오직 마귀를 좇아 자기 육신의 욕심을 추구하는 삶에서 벗어날 수 없습니다. 이것이 죄인의 첫 번째 딜레마입니다. 에베소서 2장 1-3절이 이런 죄인의 상태를 잘 설명해 줍니다.

"그는 허물과 죄로 죽었던 너희를 살리셨도다 그때에 너희는 그 가운데서 행하여 이 세상 풍조를 따르고 공중의 권세 잡은 자를 따랐으니 곧 지금 불순종의 아들들 가운데서 역사하는 영이라 전에는 우리도 다 그 가운데서 우리 육체의 욕심을 따라 지내며 육체와 마음의 원하는 것을 하여 다른 이들과 같이 본질상 진노의 자녀이었더니."

죄인의 딜레마는 이것만이 아닙니다. 죄인은 죄의 형벌에도 속박되어 있습니다. 매일 죄를 짓고 사는 삶에서 벗어날 수도 없지만, 죄를 지은 기록으로부터도 벗어날 수가 없습니다. 설령 죄의 권세에서 해방되었다 해도, 이미 지은 죄 때문에라도 지옥으로 갈 수밖에 없습니다. 이것이 죄인의 두 번째 딜레마입니다.

이에 대한 하나님의 해결책이 무엇입니까? 하나님이 복음 안에서 죄인의 두 가지 딜레마를 해결하기 위해 행하신 일이 무엇입니까? 하나님은 죄의 형벌과 죄의 권세에 속박되어 있는 죄인에게 자유와 해방을 주십니다. 이것이 '칭의'와 '중생'입니다. 칭의를 좀 더 길게 쓰면 이신칭의(以信稱義)입니다. 오직 믿음으로 의롭다 칭하심을 받는 것입니다. '중생'은 죽은 영혼에게 새로운 생명을 주사 성령으로 다시 태어나게 하시는 성령님의 역사입니다.

칭의와 중생의 차이를 선명하게 이해하고 있습니까?

칭의는 죄의 형벌로부터의 자유함입니다. 죄인은 죄의 형벌을 받아야 합니다. 이것은 하나님의 공의입니다. 지금 어떤 선고가 내려질지 몰라서 두려워하는 죄인에게 재판장이신 하나님이 무죄를 선언하시는 것이 칭의입니다. 이것은 우리의 죄가 죄를 알지도 못하신 그리스도께로 옮겨지고, 주 예수님이 율법을 온전히 이루심으로 얻으신 의가 믿는 자에게 전가됨으로써 일어나는 일입니다. "너는 무죄다. 무죄 방면!"이라는 재판장이신 하나님의 최종 선고가 내려지는 것입니다. 그러면 그는 죄의 형벌로부터 자유해집니다. 죄인에게 형벌을 부과할 죄 자체가 없어졌기 때문입니다. 이것이 칭의입니다.

중생은 죄의 권세로부터의 해방입니다. 앞서 죄의 형벌과 죄의 권세, 두 가지가 죄인의 딜레마라고 했습니다. 그러므로 하나님이 그를 무죄 방면시켜 주실지라도 그는 나가는 날부터 또 죄를 짓고 살게 되어 있습니다. 그러면 또 붙잡혀 올 것입니다. 하나님은 그런 그를 무죄 방면시켜 주셨을 뿐 아니라 그에게 죄의 세력으로부터의 자유함도 얻게 하셨습니다. 이것이 중생입니다.

좀 더 정확하게 정리하면, 칭의는 율법의 저주와 형벌로부터 해방되는 것입니다. 율법은 율법을 범하는 자에게 저주와 형벌을 내립니다. 그런데 예수님이 우리 대신 율법의 저주와 형벌을 완전히, 그리고 남김없이 다 받으셨습니다. 그래서 율법은 더 이상 저주할 권세를 잃었고, 형벌을 요구할 수 있는 힘도 없습니다.

반면, 중생은 죄의 절대적 지배와 소유권으로부터 자유하게 되는 것입니다. 죄인은 죄의 절대적인 지배권 아래 속박되어 있습니다. 그래서 그는 단 한순간도 하나님을 기쁘시게 해 드릴 수 없습니다. 죄의 노예로 일편단심 공중 권세 잡은 자를 추종하는 삶을 살 뿐입니다. 죄인은 처음부터 끝까지, 요람에서 무덤까지 일관되게 죄를 지으며 살아갈 수밖에 없는 존재입니다. 그런데 하나님은 중생을 통해서 그를 새롭게 만드십니다.

하나님의 해결책: 칭의와 중생

칭의	중생
죄의 형벌로부터의 자유	죄의 권세로부터의 해방
율법의 저주와 형벌로부터의 해방	죄의 절대적 지배와 소유권으로부터의 자유

바울 사도는 로마서 5장 21절에서 하나님의 자녀는 죄가 왕 노릇 하지 않고 은혜가 왕 노릇 하는 사람이라고 분명하게 말합니다. 즉 하나님은 죄인을 구원하실 때 단지 죄인이 받을 영원한 형벌을 면제해 주시는 것만이 아니라, 그가 죄의 권세를 이겨 범죄하지 않고 의롭고 거룩하게 살 수 있도록 능력도 제공해 주십니다. 전자가 칭의이고, 후자가 중생입니다.

O
칭의는 마음의 변화가 아니라 신분의 변화를 준다

마르틴 루터가 "기독교가 서고 넘어지는 교리"라고 말했던 칭의 (교리)를 웨인 그루뎀은 다음과 같이 정의했습니다.

"칭의는 우리의 죄가 다 사함 받은 것으로 간주하고 그리스도의 의가 우리의 것임을 인정하고 우리를 그의 앞에서 의롭다고 선언하는 하나님의 법정적 선언이다."[11]

우리가 칭의를 이해할 때 중요한 것은 칭의가 마음에 변화를 주는 것이 아니라 신분에 변화를 주는 것이라는 점입니다. 마음에 변화를 주는 것은 중생입니다. 칭의는 신자가 죄인이 아니라 의인이고, 하나님의 원수가 아니라 하나님의 자녀라는 신분과 정체성의 변화를 줍니다.

성경이 가르치는 칭의는 '이행(行)칭의'가 아니라 '이신(信)칭의'입니다. 우리는 행위로써 의롭다 하심을 받지 않고 믿음으로써 의롭다 하심을 받습니다. 로마서 5장 1절은 "그러므로 우리가 믿음으로 의롭다 하심을 받았으니"라고 말합니다. 이것은 바울 사도가 앞서 로마서 3-4장에서 가르친 내용입니다. 만일 사람이 자기의 행위와 노력으로 의롭다는 인정을 받게 된다면 그것은 은혜일 수 없고, 마땅한 보상이며 결과입니다. 하지만 자기의 행위로 하나님의 기준에 의롭다는 인정을 받을 인간이 없기에, 하나님 앞에서 의롭다 하심을 얻을 수 있는 길은 오직 은혜뿐입니다. 이것을 바울 사도는 로마서 4장 5절에서 이렇게 말합니다.

"일을 아니할지라도 경건하지 아니한 자를 의롭다 하시는 이를 믿는 자에게는 그의 믿음을 의로 여기시나니."

'일을 하지 않았다'라는 말은 구원과 관련해서, 의롭다는 선언과 인정을 얻기 위해서 내가 한 일이 아무것도 없다는 뜻입니다. 뿐만 아니라 그는 경건하지도 않은 자입니다. 하나님이 경건하지도 않은 자를 아무 한 일도 없이 오직 그리스도를 믿는 믿음만 보고 의롭다고 선언하셨다는 것입니다.

그렇게 하셨음에도 불구하고 하나님이 불의하지 않으신 이유는 죄인이 받을 모든 형벌을 심판자이신 하나님이 친히 독생자 주 예수 그리스도께 시행하셨기 때문입니다.

"이 예수를 하나님이 그의 피로써 믿음으로 말미암는 화목 제물로 세우셨으니 이는 하나님께서 길이 참으시는 중에 전에 지은 죄를 간과하심으로 자기의 의로우심을 나타내려 하심이니"(롬 3:25).

이 말씀은 그리스도가 '믿음으로 말미암는 화목 제물'이라고 함으로써 행위가 개입될 여지가 없고 오직 그리스도를 믿는 믿음만이 요구된다는 사실을 가르칩니다. 하나님은 그리스도를 화목 제물로 세워 그에게 심판을 행하심으로써 당신의 의로우심을 나타내셨습니다. 우리의 죄를 예수님께 전가시키시고 대신 심판받게 하심으로써 우리를 구원하신 것입니다. 이렇듯 하나님은 우리를 거저 용서하신 것이 아닙니다. 예수 그리스도께 무서운 진노와 심판을 행해 죗값을 치르게 하심으로써 우리가 예수님을 믿고 구원을 얻게 하셨습니다.

그래서 우리는 하나님이 구원하시는 사람들을 볼 때 '저런 자들도 구원을 받는다면 누구나 다 구원을 받을 수 있다는 말인가?' 하며 의아하게 여길 수 있습니다. 왜냐하면 자격 있는 사람이 아무도 없기 때문입니다. 예수님의 십자가 옆에 달렸던 강도처럼 말입니다.

하지만 여전히 자기 안에 선함이 있다고 자신을 믿는 사람, 자신의 인품을 믿는 사람은 그리스도 밖에 있는 사람입니다. 이것이 하나님께만 홀로 모든 영광이 돌아가게 하시는 하나님의 구원 방법입니다. 사람이 스스로 자랑할 수 없게 하시는 것입니다.

O
칭의는 단번에 이루어지는
영원한 선언이다

칭의를 생각할 때 우리가 분명히 알아야 할 것은 점진적이거나 부분적인 칭의는 없다는 것입니다. 칭의는 점진적인 것이 아니라 단번에 이루어지는 법정적 선언입니다. 단번에 이루어지나 영원히 지속되는 완전한 선언입니다.

하지만 믿음이 연약한 신자들은 칭의의 확정성과 영구적 지속성을 확신하지 못해서 넘어지곤 합니다. 구원받은 사람이 자신의 부족한 행위로 인해 구원 자체를 의심하게 되는 경우가 그렇습니다. 자신의 특별한 행위나 행적과 관련해 '나는 구원받은 사람일 수 없어'라고 생각하는 것입니다. 그는 칭의를 이해하지도 못했을뿐더러 칭의와 성화를 혼동하고 있는 것입니다.

성화는 점진적입니다. 그러나 칭의는 단번에 이루어지는 선언일 뿐 아니라 번복되지도 않습니다. '칭의를 얻었다', '의롭다 하심을 받았다'라는 말은 그의 구원이 비록 시간적으로는 완성되지 않았지만, 완전히 이루어진 것과 다름없는 확정성을 보장한다는 뜻입니다. 바울 사도는 이렇게 쓰고 있습니다.

"하나님이 미리 아신 자들을 또한 그 아들의 형상을 본받게 하기 위하여 미리 정하셨으니 이는 그로 많은 형제 중에서 맏아들이 되게 하려 하심이니라 또 미리 정하신 그들을 또한 부르시고 부르신 그들을 또한 의롭다 하시고 의롭다 하신 그들을 또한 영화롭게 하셨느니라"(롬 8:29-30).

여기에 구원의 전체 과정이 나와 있습니다. 이것을 신학 용어로 '구원의 서정'(the order of salvation)이라고 합니다. 의롭다 하심을 받기 전에 그는 창세전에 하나님이 미리 아신 바 되었고 미리 예정되었습니다. 그리고 때가 되면 하나님이 그를 부르십니다. 하나님은 부르신 그를 거듭나게 하셔서 그의 믿음으로 의롭다고 선언하십니다. 그리고 마지막에는 그를 영화롭게 하십니다.

여기서 하나님이 의롭다고 하시는 것까지는 로마 성도들에게 일어난 일이었습니다. 그들은 아직 영화롭게 되지는 않았습니다. 우리의 몸까지도 영화롭게 되는 일은 주 예수님이 재림하실 때 이루어질 것입니다(롬 8:23; 고전 15:35-54).

그럼에도 불구하고 바울 사도는 성령의 영감으로 '영화롭게 하실 것'이라고 쓰지 않고 '영화롭게 하셨느니라'라고 과거시제를 의도적으로 사용했습니다. 이것을 '선지자적 과거시제'라고 말합니다. 우리의 구원은 결코 취소되거나 번복되지 않는, 확실하고 영원히 확정적인 하나님의 역사이기에 이미 일어난 일과 다르지 않다고 말한 것입니다. 어떤 요소도 하나님의 구원을 취소시킬 수 없습니다.

뿐만 아니라 칭의는 단지 부분적으로만 의롭다 칭하신 것이 아니라 완전히 의롭다고 칭하신 것입니다. 우리가 의롭다 하심을 받은 근거는 우리가 행위로 율법을 지킴으로써 얻은 의가 아닙니다. 주 예수 그리스도께서 얻으신 율법의 완전한 의가 믿는 우리에게 전가된 것입니다. 예수 그리스도를 믿는 사람은 예수 그리스도의 의를 전가받아 소유한 자입니다. 주 예수 그리스도께서는 당신의 의를 조금 나누어 주시는 것이 아니라 완전한 의를 주십니다.

이것은 가톨릭교회가 가르치는 것처럼, 일반 신자들이 구원 받기 위해서 자신을 구원하고도 남을 만큼의 공로를 세우고 의를 행한 성인(聖人)들로부터 그들의 잉여의 공로를 분여 받아야 하는, 그런 의로움이 아닙니다. 성경은 그런 의에 대해서 조금도 알지 못합니다.

"의인은 없나니 하나도 없으며"(롬 3:10).

신자가 믿음으로 말미암아 얻은 의는 성인들의 의가 아니라 거룩하신 하나님, 죄를 알지도 못하신 주 예수 그리스도의 의입니다. 이 말은 하나님 앞에서 신자는 예수 그리스도만큼, 그분과 똑같이 의로운 존재라는 뜻입니다. 신자는 바울 사도나 베드로만큼 의로울 수 없는 것이 아닙니다. 신자는 사도인 바울이나 베드로와 같이 동일한 보배로운 믿음으로 말미암아(벧후 1:1) 주 예수 그리스도의 의를 전가받은 자이고, 하나님이 그 의로써 의롭다고 선언하신 존재입니다.

그러므로 믿음으로 의롭다 하심을 얻은 신자라면 어떤 죄악을 범했든지, 혹은 범하고 있든지 하나님 앞에서 죄를 알지도 못하신 예수 그리스도만큼 의로운 존재입니다. 이것이 복음입니다. 이것이야말로 도무지 믿기지 않을 만큼 좋은 소식입니다.

○

회심이 아니라
그리스도의 피다

여기서 이렇게 질문할 수 있습니다. "나는 충분히 회개하지 못했습니다. 얼마나 회개해야 구원받을 수 있습니까? 얼마나 강한 믿음이 있어야 구원받을 수 있습니까?"

만일 칭의를 제대로 이해했다면, 회심(회개와 믿음)이 하나님으로부터 의롭다 하심을 받는 원인이 되지 못한다는 사실을 알고 있을 것입니다. 회개 자체는 대가를 지불하는 배상 행위가 아닙니다. 자기가 저지른 범죄에 대해 심한 죄책감을 느끼고 고통스러워한다고 해서 죄책감이 그 죄에 대해 법이 요구하는 공의를 만족시켜 주는 것은 결코 아닙니다. 죄를 저지른 자가 재판장을 굳게 믿는다 할지라도 재판장에 대한 그의 믿음이 죄에 대한 법의 요구를 만족시키거나 대가를 지불하지 못한다는 점 또한 자명합니다.

이 점에서 너무나 많은 사람이 복음의 도리를 오해하고 있습니다. 자기의 회개와 믿음, 곧 회심 자체가 마치 칭의와 구원의 근거라고 생각하는 것입니다. 그러나 회개와 믿음은 주 예수 그리스도께서 이루신 구원을 받아들이는 도구일 뿐입니다. 구원의 근거는 오직 주 예수 그리스도의 십자가 죽음에 있습니다. 더 구체적으로 말하자면, 죄의 대가를 지불할 수 있는 것은 오직 주 예수 그리스도의 피밖에 없습니다. 그래서 칭의는 그리스도의 피에 기초하는 것입니다. 로버트 로우리가 쓴 두 찬송시가 이것을 잘 보여 줍니다. 해당 찬송의 각 1절입니다.

"울어도 못하네 눈물 많이 흘려도 겁을 없게 못하고 죄를 씻지 못하니 울어도 못하네 십자가에 달려서 예수 고난당했네 나를 구원하실 이 예수밖에 없네"(새찬송가 544장).

"나의 죄를 씻기는 예수의 피밖에 없네 다시 정케 하기도 예수의 피밖에 없네 예수의 흘린 피 날 희게 하오니 귀하고 귀하다 예수의 피밖에 없네"(새찬송가 252장).

하나님은 처음부터 사람이 피 흘리는 것을 엄히 금하셨습니다. 피는 생명을 의미하고, 모든 생명은 하나님께 속했기 때문입니다. 하지만 하나님은 죄를 속하는 대속물에게 피 흘림을 요구하셨습니다. 죄에 대한 율법의 요구는 죽음이기 때문입니다. 히브리서 9장 22절은 "피 흘림이 없은즉 사함이 없느니라"라고 말합니다.

이것을 칭의에 적용해 봅시다. 하나님은 믿는 사람을 의롭다고 하실 때 그 사람 자신을 보시는 것이 아닙니다. 하나님이 보시는 것은 그를 위해 흘려진 그리스도의 피입니다. 하나님은 그

피를 보시고 예수님을 믿는 자를 의롭다고 선언하십니다.

여기서 '예수님을 믿는다'라는 말은 나의 공로, 노력, 선행, 그 어떤 것으로도 하나님의 진노와 율법의 저주 아래에서 벗어날 수 없다는 사실을 알고, 긍휼이 풍성하신 하나님이 독생자를 보내사 그 아들의 죽으심으로 우리를 정죄하시고 구원의 길을 열어 주셨다는 사실을 알고 그리스도를 붙잡는다는 말입니다. 이 길 외에는 살길이 없다는 사실을 아는 것입니다.

"얼마나 강한 믿음을 가져야 하나님으로부터 의롭다 하심을 받고 구원을 얻을 수 있겠습니까?"라는 질문에 대한 답을 주는 멋진 설명이 있습니다.[12]

여기 한 사람의 무게도 감당할 수 없을 만큼 약한 다리가 있습니다. 그런데 아주 믿음이 강한 사람이 나타났습니다. 그는 자신의 강한 믿음으로 '이 다리는 절대 무너지지 않을 거야'라고 확신하면서 다리 건너기를 시도했습니다. 슬프게도 다리는 무너졌습니다. 이와 정반대의 상황도 있습니다. 절대로 무너지지 않을 견고한 다리가 있습니다. 그곳에 믿음이 아주 연약한 사람이 있었습니다. 그는 아주 약한 믿음밖에는 없었지만 그 다리를 무사히 건널 수 있었습니다.

이와 같이 우리가 구원받은 것은 우리의 믿음이 강하고 약한 문제가 아니라 우리를 위한 완전한 대속 제물이 되신 주 예수 그리스도의 피 흘리심 때문인 것입니다.

"그러면 이제 우리가 그의 피로 말미암아 의롭다 하심을 받았으니 더욱 그로 말미암아 진노하심에서 구원을 받을 것이니"(롬 5:9).

"그 아들 예수의 피가 우리를 모든 죄에서 깨끗하게 하실 것이요"(요일 1:7).

이러한 피의 사상은 갑자기 나온 것이 아닙니다. 이스라엘 백성이 애굽의 종살이에서 풀려나던 밤, 그 첫 유월절에 하나님은 그들에게 "내가 애굽 땅을 칠 때에 그 피가 너희가 사는 집에 있어서 너희를 위하여 표적이 될지라 내가 피를 볼 때에 너희를 넘어가리니 재앙이 너희에게 내려 멸하지 아니하리라"(출 12:13)라고 말씀하셨고, 그대로 행하셨습니다.

하나님은 이스라엘 백성 중에서 착하고, 선량하고, 의로운 사람들의 행위를 보고 죽이고 살리는 것을 결정하겠다고 말씀하시지 않았습니다. "내가 피를 볼 때에"라고 말씀하셨습니다. 피가 표적이었습니다. 하나님의 말씀을 믿고 문의 좌우 설주와 인방에 바른 어린양의 피가 그들의 삶과 죽음을 결정했습니다.

중요한 것은 다음 질문들에 바르게 대답하는 것입니다.

"그리스도의 피를 믿는가?", "그리스도의 속죄의 죽음을 믿는가?", "그리스도의 죽으심 외에는 죄인이 구원받을 길이 없다는 것을 아는가?", "이것만이 하나님이 죄인에게 주신 구원의 유일한 방편이라는 사실을 아는가?", "그래서 하나님의 긍휼하심과 은혜에 기대어 거지와 같은 심정으로 하나님께 나아갔는가?"

만일 이 질문들에 대해 마음으로 그렇다고 대답할 수 있다면 하나님은 그 믿음을 보고 우리를 의롭다고 선언하십니다. 그 믿음이 성경이 말하는 구원 얻는 믿음, 의롭다 하심을 얻는 믿음입니다. 우리를 구원하는 근거는 믿음의 강약 여부가 아니라 그리스도께서 흘리신 대속의 피입니다.

O
칭의의 은혜를 입은 사람이
누리는 영광(롬 5:1-4)

로마서에서 바울 사도는 신자가 얻은 구원, 신자가 믿음으로 의롭다 하심을 얻는 일은 영원히 보장된 구원이라고 반복해서 말합니다. 그렇다면 칭의의 은혜를 입은 사람은 어떤 은혜의 혜택을 누리게 됩니까?

하나님과의 화평을 누린다

"그러므로 우리가 믿음으로 의롭다 하심을 받았으니 우리 주 예수 그리스도로 말미암아 하나님과 화평을 누리자"(롬 5:1).

첫째, 믿음으로 의롭다 하심을 받은 사람은 하나님과 더불어 화평을 누립니다. 본래 인간은 하나님의 진노 아래 있었습니다. 주 예수 그리스도를 믿음으로 의롭다 하심을 얻었다는 말은 이제 하나님의 자녀가 되었다는 뜻입니다. 하나님의 무서운 심판밖에는 받을 것이 없었던 자가 하나님의 사랑밖에는 받을 것이 없는 대상이 된 것입니다.

원수 되었던 사람과 화해해도 기쁨이 클 텐데, 하물며 전능하신 심판자 하나님과 화해가 일어나고 평화를 누리게 되었다는 것은 얼마나 놀랍고 복된 보장입니까? 영원히 변하지 않는 보장입니다.

많은 사람이 마음에 평안을 얻고 싶어 합니다. 그러나 그들이 진정으로 원하는 평안을 얻으려면 먼저 하나님과 화해하고, 하나님과의 관계에서 평화를 얻어야 합니다. 믿음으로 의롭다 하심을 받은 자들은 하나님과의 평화를 얻은 자들입니다. 그들은 이제 칭의의 결과로써 마음에 평안을 얻고 그것을 누리게 됩니다. 먼저 하나님과 더불어 화평의 관계(Peace with God)를 회복해야 그 결과로 마음에 하나님이 주시는 평안(Peace of God)을 누리게 되는 것입니다.

"곧 우리가 원수 되었을 때에 그의 아들의 죽으심으로 말미암아 하나님과 화목하게 되었은즉 화목하게 된 자로서는 더욱 그의 살아나심으로 말미암아 구원을 받을 것이니라"(롬 5:10).

이처럼 확실한 위로가 어디 있습니까? 하나님이 우리에게 아들을 보내어 죽게 하심으로써 하나님과 화목하게 하신 일은 우리가 하나님과 원수 되었을 때에 일어났던 일입니다. 우리가 하나님과 원수일 때 하나님이 그런 사랑을 부어 주셨다면, 이제 하나님의 자녀가 된 자들에게는 어떤 사랑을 부어 주시겠습니까? 무엇이 하나님과의 관계를 끊을 수 있으며, 어떻게 하나님이 자녀를 버리실 수 있겠습니까?

하나님의 영광을 바라고 즐거워한다

"또한 그로 말미암아 우리가 믿음으로 서 있는 이 은혜에 들어감을 얻었으며 하나님의 영광을 바라고 즐거워하느니라"(롬 5:2).

둘째, 칭의의 은혜를 입은 사람, 즉 믿음으로 서 있는 은혜에 들어간 자는 하나님의 영광을 바라고 즐거워합니다. 믿음으로 거룩하고 지존하신 하나님의 존전에 들어갈 수 있는 은혜를 얻었을 뿐 아니라, 하나님의 영광을 바라고 즐거워하는 존재가 되었습니다. 소망이 생긴 것입니다.

칭의가 영화를 보장하는 까닭에 칭의를 입은 자에게는 산 소망이 있습니다. 신자에게는 "나는 영화롭게 될 것이다. 나는 그리스도와 같이 거룩한 존재로 영광을 입게 될 것이다"라는 기대가 있습니다(요일 3:2). 신자는 몸의 속량(롬 8:23), 곧 그리스도께서 "우리의 낮은 몸을 자기 영광의 몸의 형체와 같이 변하게"(빌 3:21) 하실 그날을 기다립니다.

또한 이 소망은 주님의 영광을 온전히 보게 될 것에 대한 소망이기도 합니다. 주님은 십자가에 달리시기 전에 이렇게 기도하셨습니다.

"아버지여 내게 주신 자도 나 있는 곳에 나와 함께 있어 아버지께서 창세전부터 나를 사랑하시므로 내게 주신 나의 영광을 그들로 보게 하시기를 원하옵나이다"(요 17:24).

신자는 주님의 영광을 보기를 갈망합니다. 베드로 사도는 "예수를 너희가 보지 못하였으나 사랑하는도다 이제도 보지 못하나 믿고 말할 수 없는 영광스러운 즐거움으로 기뻐하니"(벧전 1:8)라고 말했습니다. 이것은 바울 사도가 로마서 5장 2절에서 말한 바, '하나님의 영광을 바라고 즐거워하는 것'과 동일합니다. 신자는 이 장래의 소망 때문에 현재에 즐거워하는 자입니다. 하나님 때문에 즐거워하는 것입니다.

당신은 베드로 사도나 바울 사도의 이 고백에 얼마나 공감합니까? 오늘날 교회에는 이런 고백에 기쁨과 감사로 공감을 표현할 수 있는 사람들이 얼마나 될까요?

믿음으로 의롭다 하심을 얻고 하나님의 보좌에 나아가는 은혜를 입은 자들은 주 예수 그리스도의 얼굴에 있는 하나님의 영광을 본 사람들입니다. 그들은 하나님의 영광을 더 알기를, 더 보기를 원합니다. 또한 마지막 날에 얼굴과 얼굴을 대하여 보듯이 분명하게 보기를 간절히 기다립니다. 그들의 기쁨은 하나님의 얼굴을 보는 것입니다. 이것과 바꿀 세상의 영광은 존재하지 않습니다. 그들은 하나님의 영광을 자랑합니다.

만약 이 말의 의미를 경험적으로 알고, 공감하고, 인정한다면 당신은 하나님의 자녀입니다. 그러나 이것이 무슨 말인지 전혀 공감할 수 없다면 일을 하지 않는 경건하지도 않은 자를 믿음으로 의롭다고 하시는 하나님께 구원의 은혜와 긍휼을 구하며 나아가야 합니다. 온 교회가 참으로 하나님의 영광을 바라고 즐거워하게 되면 복음이 그 어느 때보다 힘 있게 세상에 증거될 것입니다.

환난 중에도 즐거워한다

"다만 이뿐 아니라 우리가 환난 중에도 즐거워하나니 이는 환난은 인내를, 인내는 연단을, 연단은 소망을 이루는 줄 앎이로다"(롬 5:3-4).

셋째, 믿음으로 의롭다 하심을 얻은 신자가 누리는 놀라운 특권은 환난 중에도 즐거워한다는 사실입니다. 바울 사도는 신자들이 환난 중에도 즐거워하는 것이 어떻게 가능한지를 설명합니다.

신자는 환난 자체를 즐거워하는 사람은 아닙니다. 환난은 언제나 그리스도인의 믿음을 시험하는 최고의 방편입니다. 우리가 어떤 은혜를 받았다고 말하든 그 은혜의 참됨을 입증해 주는 것은 환난입니다. 환난이 올 때 신자는 하나님을 찾게 되고, 자신이 하나님의 은혜를 간절히 필요로 한다는 사실을 깨닫습니다. 그렇게 일깨워진 믿음은 신자로 하여금 환난을 참고 인내하게 합니다. 그 후 신앙은 금이 불로 연단되듯이 믿음의 견고함을 입증하게 됩니다.

"너희 믿음의 확실함은 불로 연단하여도 없어질 금보다 더 귀하여 예수 그리스도께서 나타나실 때에 칭찬과 영광과 존귀를 얻게 할 것이니라"(벧전 1:7).

신자는 환난 중에 믿음을 사용해 결국 자신 안에 소망이 일어나는 모습을 봅니다. 그래서 환난에도 불구하고 기뻐하는 것이 아니라, 환난 때문에 기뻐할 수 있습니다. 환난이 믿음을 금보다 더욱 귀한 믿음으로 연단해 줄 것을 아는 소망이 있기 때문입니다. 그가 환난 때문에 기뻐할 수 있는 이유는 환난조차도 하나님을 사랑하는 자 곧 그의 뜻대로 부르심을 입은 자들에게는 모든 것이 합력하여 선을 이루는 과정임을 알기 때문입니다(롬 8:28).

이것은 얼마나 놀라운 사실입니까? 이것이 믿음이 하는 일입니다.

○

적용적 교훈

그러므로 우리가 이제 칭의와 관련된 말씀을 가지고 스스로에게 던져야 할 질문들은 이렇습니다.

"나는 과연 믿음으로 의롭다 하심을 받은 자인가?", "나는 비록 약할지라도 구원받는 믿음으로 하나님께 나아온 사람인가?", "나는 하나님의 긍휼하심이 아니면 나의 죄로 말미암아 영원히 하나님의 진노 아래 심판을 받을 존재라는 사실을 아는가?", "나는 그리스도 외에는 구원의 길이 없다는 것을 알고 그분께 나아왔는가?", "나는 그리스도를 붙들었는가?", "지금도 그분을 붙들고 있는가?"

만일 이 질문들에 대해서 그렇다고 대답한다면 당신이 어떤 죄를 지었든지, 어떤 죄로 인해 좌절하고 있든지 당신은 하나님의 자녀입니다. 그러나 여전히 미심쩍거나 아니라고 대답한다면 지금 하나님의 자비와 긍휼을 의지해 하나님께 나아가십시오. "저는 하나님의 은혜가 필요합니다. 하나님의 구원을 받기 원합니다. 저의 죄를 씻을 길은 그리스도의 피밖에 없음을 알고 있습니다"라고 하나님께 아뢰며 나아가십시오.

하나님과 원수 된 죄인이 하나님과 화평을 누릴 길은 이외에는 주어진 것이 없습니다. 결코 자신의 감정 상태에 신앙을 의존하지 마십시오.

우리가 의지하고 믿을 것은 '하나님이 성경을 통해서 뭐라고 말씀하시는가?'입니다. '내가 주님을 얼마나 사랑하는가?', '내가 구원받은 사람인가?'에 대한 증거를 찾으려고 노력하는 대신, '하나님이 나를 얼마나 사랑하시는가? 하나님이 나를 어떻게 사랑하셨는가?'를 찾기 위해 성경으로 들어가십시오. 풍성한 복음의 은혜와 증거들을 성경에서 찾으십시오. 성경에 담겨 있는 예수 그리스도의 사랑을 발견하십시오. 그러면 믿음이 자랄 것입니다. 점점 더 하나님을 사랑하지 않을 수 없는 자신을 보게 될 것입니다. 이것이 칭의가 우리에게 주는 큰 유익입니다.

자기를 살피는 일은 중요합니다. 그러나 만일 복음 안에서 하나님이 행하신 일, 하나님이 우리를 사랑하신 일을 찾지 않는다면 그 모든 노력은 우리를 점점 더 율법 아래로 끌고 갈 것입니다. 그러나 복음의 무한한 은혜를 성경에서 찾아간다면 하나님의 영광을 바라고, 즐거워하고, 기뻐하고, 자랑하는 자리에 서게 될 것입니다.

| **확신 노트** |

1. 죄인이 가진 딜레마
- 죄의 세력으로부터 자유롭지 못함
- 죄의 형벌을 받아야 함

2. 죄인의 딜레마에 대한 하나님의 해결책이 바로 '칭의'와 '중생'이다.

3. 칭의와 중생의 차이
- 칭의: 죄의 형벌로부터의 자유, 율법의 저주와 형벌로부터의 해방
- 중생: 죄의 권세로부터의 해방, 죄의 절대적 지배와 소유권으로부터의 자유

4. 칭의란 하나님의 법정에서의 무죄 선언, 즉 하나님께 믿음으로 의롭다 칭함을 받는 것이다.

5. 칭의는 행위와 상관없이 주어지는 하나님의 은혜이며, 마음에 변화를 주는 것이 아니라 신분에 변화를 준다.

6. 칭의를 얻는 데는 아무 행위도 요구되지 않음 → 오직 믿음

7. 복음과 칭의
- 칭의는 단번에 이루어지는 완전하고 영원한 선언
- 칭의는 오직 그리스도의 피를 통해 이루어짐
- 칭의의 은혜를 입은 사람이 누리는 영광
  - 하나님과의 화평을 누림
  - 하나님의 영광을 바라고 즐거워함
  - 환난 중에도 즐거워함

6

중생과 복음

그러므로 나의 사랑하는 자들아
너희가 나 있을 때뿐 아니라 더욱 지금 나 없을 때에도
항상 복종하여 두렵고 떨림으로 너희 구원을 이루라
너희 안에서 행하시는 이는 하나님이시니
자기의 기쁘신 뜻을 위하여
너희에게 소원을 두고 행하게 하시나니
빌 2:12-13

이제 우리는 "율법과 복음"이라는 대주제의 끝부분에 왔습니다. 주 예수 그리스도로 말미암아 율법과 죄에 대하여 죽은 신자는 예수 그리스도와 연합한 새사람이 되었고, 율법의 저주와 죄의 형벌, 그리고 죄의 세력에서 벗어난 존재가 되었습니다.

칭의가 죄의 형벌로부터의 자유라면, 중생은 죄의 권세로부터의 자유입니다. 칭의는 마음에 변화를 주는 것이 아니라 신분에 변화를 주는 것입니다. 그렇다면 "신분은 변했지만 힘은 전과 다름없어서 죄의 권세에 눌려서 살아가야 합니까?"라고 반문할 수 있습니다. 그래서 "율법과 복음"이라는 대주제의 끝부분에 다룰 중요한 문제는 신자를 죄의 권세로부터 자유하게 하는 중생의 능력입니다.

○

"네가 거듭나야 한다"(요 3:3)

주님은 니고데모가 밤에 찾아왔을 때 이렇게 말씀하셨습니다.

"예수께서 대답하여 이르시되 진실로 진실로 네게 이르노니 사람이 거듭나지 아니하면 하나님의 나라를 볼 수 없느니라"(요 3:3).

거듭남, 위로부터 남, 중생은 모두 같은 개념입니다. 어떤 방식으로 표현하든 우리가 거듭나야 한다는 것은 피해 갈 수 있는 문제가 아닙니다. 거듭남보다 중요한 것은 없습니다. 구원은 칭의뿐 아니라 거듭남, 곧 중생을 전제하는 개념입니다. 웨인 그루뎀은 중생을 이렇게 정의합니다.

"중생이란 하나님이 우리에게 새로운 영적 생명을 부여하시는 신비스러운 하나님의 행위다."[13]

하나님이 영적으로 죽은 존재에게 영적 생명을 주시는 것이 중생입니다. 하나님의 생명으로 다시 태어나는 일입니다. 영생은 단지 영원히 사는 것, 그 이상의 의미를 지닙니다. 삶의 양보다 삶의 질을 강조하는 개념입니다. 그러므로 영생이란 하나님과 더불어 사는 삶이요, 하나님의 생명으로 사는 삶입니다. 또한하나님과 사귐을 가지며 사는 삶이고, 하나님의 자녀들과 함께사는 삶이며, 성삼위 하나님이 누리시는 생명을 함께 누리는 삶입니다.

그렇다면 영적 생명, 하나님의 생명이 주어져서 영적으로 살아났다는 것이 어떤 의미이고, 우리는 어떻게 중생했는지를 확인할 수 있습니까?

중생 자체는 신비스럽게 일어나는 하나님의 역사이기에 신자가 반드시 경험적으로 인식할 수 있는 사건은 아닙니다. 하지만 그 결과는 반드시 인식됩니다. 즉 중생은 결과로 알 수 있는 것입니다.

중생의 결과는 이렇습니다. 죄 용서를 확신하고, 그리스도의 아름다우심과 영광을 즐거워하고 기뻐하게 되고, 성경 말씀을 사랑하게 되고, 기도하고 싶은 마음이 일어나고, 하나님께 순종하며 살고 싶고, 하나님과의 교제가 즐거워집니다. 이러한 변화를 통해서 사람은 자신의 중생 여부를 확인할 수 있습니다. 이처럼 중생의 핵심은 마음의 변화, 즉 하나님이 새 마음을 주시는 것입니다.

○
중생은 하나님이 새 마음을 주시는 근본적인 변화다

중생을 '근본적인(radical) 변화'라고 하는 이유가 있습니다. '근본'에서 '근'은 '뿌리 근'(根) 자입니다. 근본의 변화란 단순히 행위가 바뀌는 것이 아니라 깊은 곳에 있어서 보이지 않는 뿌리가 바뀌는 것입니다. 근본적인 변화는 시간이 흐름에 따라서 그 사람을 완전하게 바꾸어 놓습니다.

에스겔 선지자는 예수 그리스도의 새 언약 아래서 하나님이 주실 중생의 역사를 예언했습니다.

"또 새 영을 너희 속에 두고 새 마음을 너희에게 주되 너희 육신에서 굳은 마음을 제거하고 부드러운 마음을 줄 것이며 또 내 영을 너희 속에 두어 너희로 내 율례를 행하게 하리니 너희가 내 규례를 지켜 행할지라"(겔 36:26-27).

여기서 '새 마음을 준다'라는 말이 중생입니다. 중생한 사람은 이전에는 결코 경험해 보지 않았던 새로운 마음의 성향을 확인함으로써 자신의 중생을 알게 되고, 자신이 그리스도와 연합한 새사람이요, 새로운 피조물이 되었음을 깨닫게 됩니다. 하나님은 중생한 영혼에게 하나님과 함께하고자 하는 깊은 소원을 불러일으키시며, 하나님을 더 잘 알고 모든 일에 하나님을 영화롭게 하고자 하는 소원을 주십니다. 그는 거룩해지기를 원하고, 하나님의 형상을 덧입기 원합니다. 하나님의 모든 말씀을 순종하기 원하고, 하나님을 기쁘시게 하기를 소원합니다.

이 모든 마음은 때때로 좋은 생각을 품었다가 본래로 돌아가 버린 과거의 모습과는 전혀 다릅니다. 이것은 본질, 본성의 변화입니다. 사람이 변한 것입니다. 행동이 아니라 그 마음의 소원하는 바, 그 마음이 바라는 성향 자체가 바뀐 것입니다. 그래서 중생은 근본적인 변화입니다. 이것은 교회라는 울타리 속에 있을 때만이 아니라 중생한 자의 마음에서 결코 떠나지 않으시는 성령으로 말미암아("내 영을 너희 속에 두어") 항상, 그리고 평생토록, 또 어떤 환경과 상황에 처할지라도 지속되는 성향입니다.

만일 우리가 교회 안에 있을 때는 하나님을 조금 느낄 수 있고 선한 소원들을 품을 수 있지만, 교회를 떠나 혼자 있을 때는 도무지 자기 안에서 거룩한 성향을 알지도, 경험하지도 못한다면 그것은 분위기로 인해 가졌던 일시적 느낌일 뿐 진정한 중생은 아닐 수 있습니다. 해바라기가 해를 바라보듯이, 중생한 하나님의 자녀는 언제나 하나님을 바라보는 경향성을 가지기 때문입니다.

중생의 증거는 새 마음입니다. 이보다 더 분명한 중생의 증거는 없습니다. 하나님이 이전에는 결코 알지 못했고, 경험할 수도 없었던 새 마음을 주시는 것입니다. 바울 사도는 빌립보서 2장 13절에서 "너희 안에서 행하시는 이는 하나님이시니 자기의 기쁘신 뜻을 위하여 너희에게 소원을 두고 행하게 하시나니"라고 표현합니다. 중생한 사람은 하나님의 기쁘신 뜻을 행하고자 하는 소원을 마음에 갖습니다.

○
중생한 신자와 율법의 관계: "나의 법을 그들의 속에 두며 그들의 마음에 기록하여"(렘 31:33)

중생한 신자에게 율법은 더 이상 그의 참된 본성과 욕구에 모순되는 외적 규정이 아닙니다. 중생한 신자에게 율법은 돌판에 써 있는 명령이거나, 혹은 자신의 외부에서 요구하는 명령이 아닙니다. 중생한 신자에게는 율법이 내적인 것으로 변하는데, 중생의 기적을 통해 그의 마음속에 율법이 새겨지기 때문입니다. 예레미야 선지자는 이렇게 예언했습니다.

"그러나 그날 후에 내가 이스라엘 집과 맺을 언약은 이러하니 곧 내가 나의 법을 그들의 속에 두며 그들의 마음에 기록하여 나는 그들의 하나님이 되고 그들은 내 백성이 될 것이라 여호와의 말씀이니라"(렘 31:33).

'나의 법을 그들의 속에 두며 그들의 마음에 기록'하시는 일이 바로 성령이 죄인을 중생하게 하시는 기적입니다. 중생의 기적이 죄인 안에 일어날 때 율법은 이제 밖에서 그를 강요하는 명령이 아니라 자기 마음속으로부터의 소원이 됩니다. 이에 대해 바울 사도는 자기 안에 있는 그리스도의 사랑이 자신을 강권한다고 표현합니다(고후 5:14). 하나님을 사랑하는 마음이 우러나와서 그 일을 행하기를 원하게 되는 것입니다.

이것이 앞서 에스겔의 예언 가운데 "너희로 내 율례를 행하게 하리니 너희가 내 규례를 지켜 행할지라"(겔 36:27)라는 말씀의 의미입니다. 중생한 신자의 내면 깊은 곳에서 우러나오는 소원이 율법을 따르게 하고 순종하게 하는 것입니다. 시편 기자는 이렇게 표현합니다.

"오직 여호와의 율법을 즐거워하여 그의 율법을 주야로 묵상하는도다"(시 1:2).

시편 1편이 말하는 복 있는 사람의 가장 두드러진 특징은 '오직 여호와의 율법을 즐거워하여 그의 율법을 주야로 묵상하는 것'입니다. 바로 그가 중생한 신자입니다. 그전에는 부담스럽고 싫었던 율법을 이제는 즐거워하게 된 것입니다. 그래서 중생한 사람은 다음과 같은 시편 기자의 고백들을 공감합니다.

"내가 모든 재물을 즐거워함같이 주의 증거들의 도를 즐거워하였나이다"(시 119:14).

"주의 율례들을 즐거워하며 주의 말씀을 잊지 아니하리이다"(시 119:16).

"내가 사랑하는 주의 계명들을 스스로 즐거워하며"(시 119:47).

"사람이 많은 탈취물을 얻은 것처럼 나는 주의 말씀을 즐거워하나이다"(시 119:162).

"여호와의 율법은 완전하여 영혼을 소성시키며 여호와의 증거는 확실하여 우둔한 자를 지혜롭게 하며 여호와의 교훈은 정직하여 마음을 기쁘게 하고 여호와의 계명은 순결하여 눈을 밝게 하시도다 여호와를 경외하는 도는 정결하여 영원까지 이르고 여호와의 법도 진실하여 다 의로우니 금 곧 많은 순금보다 더 사모할 것이며 꿀과 송이꿀보다 더 달도다 또 주의 종이 이것으로 경고를 받고 이것을 지킴으로 상이 크니이다"(시 19:7-11).

이것이 중생한 신자가 경험하는 새 마음입니다. 하나님이 하나님의 성품과 하나님이 기뻐하시는 뜻을 중생한 신자의 마음에 기록해 놓으심으로 율법과 중생한 사람의 마음이 일치하게 하시는 것입니다. 기꺼이 그리고 신속하게 그 법을 따라 살 수 있도록 말입니다.

○
중생한 신자 안에서
죄성의 작용

여기서 풀어야 할 한 가지 오해가 있습니다. 중생한 신자는 율법을 즐거워하고 율법을 행하는 것이 기쁨이 됩니다. 그러나 중생한 신자가 경험하는 현실은 어떻습니까? 그는 여전히 죄를 짓고 세상을 사랑하는 자신의 모습을 보게 됩니다. 이것 때문에 그는 괴로워하고, 때로는 깊은 낙심에 이르며, 심지어 마귀의 정죄를 받고 구원의 확신을 잃어버리기도 합니다.

앞서 살펴본 대로 바울 사도는 그 이유가 우리가 아직 완전히 구속받지 못한 '죄의 몸' 곧 '죽을 몸' 안에 살고 있기 때문이라고 설명했습니다(롬 6:6, 12; 8:23). 좀 더 정리해서 말하면, 아담 이후의 모든 인간은 원죄로 말미암아 죄책(죄의 형벌)과 오염(죄의 부패성)을 타고납니다. 그가 거듭날 때 칭의로 말미암아 죄책의 문제는 해결되지만 부패한 본성인 오염의 문제는 여전히 남습니다. 중생으로 죄의 절대적 지배가 종식되지만 죄의 영향력은 잔존하는 것입니다.

그러므로 중생한 신자들 안에 여전히 잔존하는 죄의 부패한 본성은 성령의 역사로 성화되어야 합니다. 중생한 신자들의 싸움은 죄의 왕 노릇에서 벗어나려는 싸움이 아닙니다. 이미 그리스도 안에서 죄와 율법에 대하여 죽은 신자는 그리스도와 연합했고, 그를 지배하는 것은 하나님의 은혜입니다. 신자의 싸움의 본질은 하나님이 그리스도 안에서 이미 시작하셨고 이루신 구원의 역사를 믿음의 순종으로 이루어 가는 것입니다.

더러운 늪에 빠져 죽어 가던 사람이 건짐을 받았다고 합시다.

그는 죽음에서 건짐을 받은 것입니다. 생명은 건졌지만, 그는 여전히 온몸이 더러운 상태입니다. 그런데 그가 "아, 나는 살아났으니까 상관없다. 이제 더러운 상태 그대로 살아야겠다"라고 말하겠습니까? 그는 당연히 더러움을 씻어 내고 깨끗하게 살기를 원할 것입니다.

하나님은 우리를 율법의 형벌, 죄의 저주에서 건져 주셨습니다. 영원한 죽음에서 영원한 생명으로 옮겨 주셨습니다. 그러면 우리는 "아, 나는 살아났으니까 이제 그냥 죄 가운데서 살자"라고 말하지 않을 것입니다. 이것이 바울 사도가 로마서 6장에서 말한 내용입니다. 참된 칭의의 은혜를 입은 사람은 "은혜를 더하게 하려고 죄에 거하자"라는 식으로 말하지 않는다는 것입니다.

참된 중생의 은혜를 입은 사람은 그 안에 하나님이 심어 놓으신 새 마음으로 인해 새롭고 거룩한 소원을 가지기 때문에 '그냥 더럽게 살자'고 생각할 수도 없고, 그렇게 생각하지도 않습니다. 중생한 신자는 자신이 거룩해지고 하나님의 형상을 이루기 원하는 새로운 소원 때문에 죄와 싸울 힘, 죄를 이길 능력을 갖게 됩니다. 빌립보서 2장 12-13절은 중생을 전제로 주어진 명령입니다.

"그러므로 나의 사랑하는 자들아 너희가 나 있을 때뿐 아니라 더욱 지금 나 없을 때에도 항상 복종하여 두렵고 떨림으로 너희 구원을 이루라 너희 안에서 행하시는 이는 하나님이시니 자기의 기쁘신 뜻을 위하여 너희에게 소원을 두고 행하게 하시나니."

○

"너희 구원을 이루라"(빌 2:12)

"항상 복종하여 두렵고 떨림으로 너희 구원을 이루라"라는 빌립보서 2장 12절 말씀은 명령입니다. 그러나 불신자를 향한 명령이 아닙니다. 불신자는 이 명령을 이룰 근거도, 능력도 없기 때문입니다. 하지만 중생은 이 명령을 이룰 근거와 능력을 신자에게 제공합니다. 하나님이 칭의로써 율법의 저주와 죄의 왕 노릇에서 신자를 해방시키실 뿐 아니라, 중생으로써 새 마음을 주시고 율법을 지키고 싶어 하는 새 성향을 주시기 때문입니다.

하나님은 우리가 할 수 없는 일을 명령하시지 않습니다. 하나님이 할 수 있는 능력을 중생한 신자들에게 주셨기에 이렇게 명령하신 것입니다. 우리는 이 명령의 의미를 좀 더 이해할 필요가 있습니다.

'구원을 이루라'라는 말은 구원의 불확실성을 암시하지 않습니다. "내가 시작했으니 마무리는 너희가 하라"라는 말씀이 아님니다. 이것은 구원의 시제적 차원을 말해 줍니다.

로마서 8장 28-30절의 논리와 같이, 구원은 하나님이 창세전에 예정하시고 택정하심으로써 이미 영화로운 완성까지 다 이루어진 일이나 마찬가지입니다. 영원하신 하나님 편에서 보면 이미 완성된 일입니다. 다만 우리 편에서 볼 때 시제적으로 구원은 아직 완성되지 않았습니다.

하나님은 당신의 놀라운 지혜로 이미 처음부터 끝까지 다 이루신 구원의 역사에 우리를 참여시키십니다. 우리가 원하지 않는 일을 억지로 행하게 하시는 것이 아니라, 우리 안에 새 마음, 거룩한 소원을 두시고 하나님이 기뻐하시는 일(궁극적으로 우리의 구원이며, 우리의 구원을 통해 하나님께 영광을 올려 드리는 것)을 행하게 하심으로써 구원을 이루어 가시는 것입니다.

○

신자는 율법을 필요로 한다

그렇다면 우리는 어떻게 구원을 이루어 갈 수 있습니까? 여기에 다시 율법이 요구됩니다. 율법이 아니면 하나님의 선하시고 기뻐하시고 온전하신 뜻이 무엇인지 분별할 길이 없습니다. 우리는 율법을 통해서 하나님의 뜻을 아주 분명하게 알게 됩니다. 율법은 하나님의 성품을 온전하게 계시합니다. 율법의 제3용법을 말하는 것입니다.

물론 구약 율법 가운데 의식법(ceremonial law)은 예수님으로 말미암아 완전히 성취되었으므로 신약 시대의 성도들이 그대로 지키지 않습니다. 그리고 고대 이스라엘에는 신정 사회로서 그 백성이 지키고 살아야 했던 시민법(civil law)이 있었습니다. 시민법 역시 오늘날 사회나 교회에서 동일한 구속력을 가지지 않습니다. 가령 교회가 간음한 사람을 돌로 쳐서 죽이지 않는다는 말입니다. 또한 십계명으로 대표되는 도덕법(moral law)이 있습니다. 이것은 여전히 하나님의 자녀들, 하나님의 백성이 순종해야할 유효한 명령입니다.

이것이 구약의 율법을 분류하고 신약적으로 적용하는 가장 일반적인 방식입니다. 그런데 이 설명이 가지는 한계가 있습니다. 즉 성경 자체가 의식법, 시민법, 도덕법 등의 구분을 명시하고 있지 않을뿐더러 성경학자들 간에도 특정 율법 규례에 대해서는 정확한 일치를 보지 못한다는 것입니다.

여기서 우리는 구약 율법에서 도덕법만 필요하고 나머지는 필요 없다는 식의 섣부른 결론을 내려서는 안 됩니다. 구약성경은 읽을 필요가 없다거나, 공부하거나 설교할 필요가 없다고 말하면 안 됩니다. 바울 사도가 "모든 성경은 하나님의 감동으로 된 것으로 교훈과 책망과 바르게 함과 의로 교육하기에 유익하니"(딤후 3:16)라고 했을 때 '모든 성경'은 구약성경의 모든 말씀을 가리킵니다.

어떤 점에서 모든 성경, 곧 구약성경의 모든 말씀이 현대의 신자들에게 유익합니까? 구약성경의 모든 말씀은 하나님의 성품과 하나님의 기뻐하시는 뜻을 분명하게 계시하고 있다는 점에서 유익합니다. 이것이 율법의 계시적 측면입니다. 율법은 "하라"라는 명령과 규칙만이 아니라 하나님이 어떤 분이신지, 그분의 기뻐하시는 뜻이 무엇인지를 하나님의 백성에게 분명하게 계시해 주는 기능을 합니다.

오늘날 뜨거운 이슈가 되는 동성애 문제를 생각해 봅시다. 율법은 "누구든지 여인과 동침하듯 남자와 동침하면 둘 다 가증한 일을 행함인즉 반드시 죽일지니 자기의 피가 자기에게로 돌아가리라"(레 20:13)라고 말합니다. 물론 이스라엘 신정 사회가 아닌 현대 사회에서 교회가 이 일로 사람을 죽이지는 않습니다. 하지만 여기에는 하나님이 허락하시고 금하시는 뚜렷한 기준이 계시되어 있고, 그것은 오늘날 모든 신자에게 하나님의 뜻을 계시하는 말씀으로 유효합니다.

중요한 원리는, 구약 율법에서 죄라고 한 것은 신약 시대에도 여전히 죄라는 사실입니다. 이것은 변하지 않는 하나님의 뜻입니다. 구약성경에서 죄라고 한 것을 신약성경에서 죄가 아니라고 하는 법은 없습니다.

또 구약성경에 계시된 율법의 도덕적 기준들은 신약성경에서도 동일하게 성도들에게 요구되고, 서신서들에서 사도들에 의해 강조되고 있다는 것을 우리는 어렵지 않게 봅니다. 특별히 구약의 도덕법 규정들은 신약 시대의 모든 성도에게도 순종해야 할 중요한 삶의 기준입니다. 그러므로 신자가 구약성경을 볼 때 "이것은 구약의 규정이라서 우리와는 아무 상관없다"라고 말하는 것은 합당하지 않습니다.

중생의 기적으로써 하나님은 신자들에게 율법을 행할 수 있는 권능 곧 새 마음을 주셨습니다. 그리스도의 사랑의 강권함을 알게 하셨습니다. 은혜에 대한 감격을 주셨습니다. 신자의 마음에는 하나님께 대한 사랑이 있습니다. 하나님의 기뻐하시고 거룩하신 뜻을 따라서 행하고 싶은 갈망이 있습니다. 바로 이 소원을 따라서 행하는 것이 신자가 구원을 이루어 가는 일 곧 성화입니다.

O

두렵고 떨림으로!

그러면 신자는 어떤 자세로 구원을 이루어 가야 합니까? 바울 사도는 두렵고 떨림으로 하라고 말합니다(빌 2:12). '두렵고 떨림'이라는 말은 우리의 순종 여하에 따라서, 우리의 노력 정도에 따라서 우리가 구원을 잃어버릴지도 모른다는 말이 아닙니다. 바울 사도는 그런 의심과 불안 때문이 아니라, 참으로 하나님을 알고 하나님의 구원의 은혜를 입은 자만이 가질 수 있는 특성으로서 두렵고 떨림을 말한 것입니다.

이것은 하나님께 대한 거룩한 존경심과 경외감입니다. 시편 기자가 "여호와를 경외함으로 섬기고 떨며 즐거워할지어다"(시 2:11)라고 고백한 것과 마찬가지입니다. 그는 두렵고 떨기만 한 것이 아니라 또한 즐거워했습니다. 하나님이 새 마음을 주시고, 자기 속에서 행하시는 이가 성령이시며, 하나님의 기쁘신 뜻을 따라 살고 싶은 소원이 매우 많기 때문에 비록 주님의 말씀을 순종하는 일에 손해가 예견될지라도 그 발걸음이 즐겁다는 의미입니다.

율법의 행위로 성화를 이루려고 하면 즐거움이 없지만, 복음 안에서 하나님의 은혜를 누리며 성화의 길을 걸어갈 때는 하나님을 향한 경외감, 두렵고 떨림과 함께 즐거움과 감사와 기쁨이 있습니다.

하나님의 율법을 사랑하고 즐거워한다고 고백한 시편 119편 기자는 또 이렇게 말합니다.

"내 육체가 주를 두려워함으로 떨며 내가 또 주의 심판을 두려워하나이다"(시 119:120).

그리스도인은 하나님을 경외하는 사람입니다. 하나님께 대한 두려움과 떨림은 중생의 증거입니다. 하나님께 대한 두려움과 떨림이 있습니까? 하나님이 말할 수 없는 사랑으로 주 예수 그리스도의 성육신과 죽으심과 부활로써 우리에게 나타내신 구원의 은혜를 참으로 아는 자가 어떻게 그것을 아무렇지도 않게 여길 수 있으며, 이전의 삶의 방식대로 육체의 욕심을 따라서 살아갈 수 있겠습니까?

중생한 신자는 진정한 의미에서 하나님을 두렵고 떨림으로 섬기며, 하나님이 자기 안에 주신 거룩한 소원을 따라 구원을 이루어 가는 자입니다. 그래서 그는 하나님의 기뻐하시고 온전하신 뜻이 무엇인지를 더 분명히 알기를 원하고 그대로 살고 싶어 합니다. 그러다가 넘어질 때는 다시 정죄함의 자리로 미끄러지는 것이 아니라, 그 죄를 인하여 부끄러워하며 그리스도의 피에 근거해 하나님 앞에 죄를 자백하고 용서를 구합니다.

율법에 대하여 죽은 신자는 구원의 도리를 알고 다시는 율법 아래로 들어가 정죄감에 빠져 죄의 노예로 살아서는 안 됩니다. 신자는 하나님과의 교제 가운데 머무르며 은혜를 누리게 된 자입니다. 불순종함으로 넘어질 때나 그렇지 않을 때나 좌절로 미끄러지거나 교만함으로 우쭐대지 않고, 언제나 오직 두렵고 떨림으로 하나님을 섬기며 구원을 이루어 가야 하는 것입니다. 율법에서 자유함을 얻은 신자로서 말입니다.

○

은혜, 큰 은혜!

이 모든 일을 주도하시는 분은 하나님이십니다. 바울 사도는 "너희 안에서 행하시는 이는 하나님이시니"(빌 2:13)라고 말합니다. 하나님이 자기의 기쁘신 뜻을 위해 우리에게 소원을 두고 행하게 하십니다. 하나님이 주도하십니다. 하나님이 시작하셨고, 하나님이 완성하십니다. 하나님은 우리를 로봇이나 물건처럼 다루지 않으시고 인격을 가진 하나님의 형상으로 다루기를 기뻐하셔서 하나님의 무한한 지혜 안에서 우리를 그 영광스러운 일에 참여하게 하셨습니다.

신자는 하나님 아버지의 마음을 알고, 성령 안에서 하나님과 한마음이 되어 하나님을 섬기는 기쁨을 경험하게 됩니다. 그는 바울 사도와 같이 많은 수고를 하고도 이렇게 말합니다.

"그러나 내가 나 된 것은 하나님의 은혜로 된 것이니 내게 주신 그의 은혜가 헛되지 아니하여 내가 모든 사도보다 더 많이 수고하였으나 내가 한 것이 아니요 오직 나와 함께하신 하나님의 은혜로라"(고전 15:10).

이것이 하나님이 복음 안에서 우리에게 주신 은혜, 말할 수 없이 큰 은혜입니다. 이와 같이 은혜 아래서 살아가는 것이 신자의 삶입니다. 은혜는 하나님의 영광과 자신의 무가치함을 아는 것입니다. "율법과 복음"이라는 대주제를 통해 제가 가장 강조하고 싶었던 것은 바로 하나님의 은혜입니다. 무한하신 하나님을 아는 지식과 너무나 무가치한 자신을 아는 지식, 둘 사이의 간극을 아는 것이 바로 은혜입니다.

하나님은 우리가 율법과 복음을 구분함으로써 복음 안에 나타난 하나님의 은혜가 얼마나 큰지를 깨닫고, 느끼고, 그 은혜를 받아 성화의 길을 걸어갈 수 있도록 우리를 능력 있게 변화시켜 주십니다. 이렇게 우리 안에서 크신 일을 이루셨고, 이루고 계시며, 이루실 성삼위 하나님께 우리는 모든 영광을 돌리는 것이 합당합니다.

| 확신 노트 |

1. 중생이란?
하나님이 영적으로 죽은 존재에게 영적 생명을 주시는 것, 하나님의 생명으로 다시 태어나는 일
- 중생 = 거듭남
- 중생의 핵심: 마음의 변화, 하나님이 새 마음을 주시는 것

2. 중생은 신비스럽게 일어나는 하나님의 역사로서, 결과로 알 수 있다.
- 중생의 결과
  - 죄 용서를 확신함
  - 그리스도의 아름다우심과 영광을 즐거워하고 기뻐하게 됨
  - 성경 말씀을 사랑하게 됨
  - 기도하고 싶은 마음이 일어남
  - 하나님께 순종하며 살고 싶어짐
  - 하나님과의 교제가 즐거워짐

3. 칭의와 중생의 차이
- 칭의: 신분의 변화
- 중생: 마음의 변화

4. 신자와 율법의 관계 변화
- 중생 이전: 율법은 신자를 구속하고 얽매는 존재
- 중생 이후: 율법은 곧 신자의 마음의 법

5. 중생한 신자
- 율법을 필요로 함
- 하나님의 은혜를 의지하며 살아감
- 구원은 오직 하나님의 은혜로 이루어진다는 것을 앎

6. 무한하신 하나님을 아는 지식과 너무나 무가치한 자신을 아는 지식, 둘
   사이의 간극을 아는 것이 바로 은혜다.
   · 은혜 아래서 살아가는 것이 신자의 삶
   · 율법과 복음에서 가장 중요한 것이 은혜를 아는 것임
   · 율법과 복음을 구분해야 은혜를 통해 성화의 길을 갈 수 있게 하심

복음 설교의
회복을 위하여

그리스도의 은혜로 너희를 부르신 이를 이같이 속히 떠나
다른 복음을 따르는 것을 내가 이상하게 여기노라
다른 복음은 없나니 다만 어떤 사람들이 너희를 교란하여
그리스도의 복음을 변하게 하려 함이라
그러나 우리나 혹은 하늘로부터 온 천사라도 우리가 너희에게
전한 복음 외에 다른 복음을 전하면 저주를 받을지어다
우리가 전에 말하였거니와 내가 지금 다시 말하노니
만일 누구든지 너희가 받은 것 외에
다른 복음을 전하면 저주를 받을지어다
갈 1:6-9

우리는 지금까지 "율법과 복음"이라는 주제를 살펴보았습니다. 그 핵심은 무엇입니까? 우리 자신의 행위와 공로, 의지와 수고 위에 신앙을 세울 것인가, 하나님이 우리 주 예수 그리스도 안에서 우리를 위해 완전하게 이루어 놓으신 복음 위에 신앙을 세울 것인가 하는 문제입니다.

율법 위에 신앙을 세우면 율법주의가 되고, 하나님이 가증하게 여기시는 자기 의를 쌓아 가는 신앙생활을 피할 수 없습니다. 결국 이스라엘 백성이 그러했듯이, 하나님의 의를 모르고 자기 의를 세우려고 힘써 하나님의 의에 복종하지 않는 무서운 결과를 초래하게 됩니다(롬 10:3). 그들의 문제는 하나님께 열심이 없었던 것이 아닙니다. 열심이 있었으나 올바른 지식이 없었던 것이 그들의 문제였습니다.

오늘날 한국 교회의 많은 성도에게는 열심이 없는 것이 아닙니다. 그 열심은 세계 어느 나라, 어느 민족의 교회와 견주어도 손색이 없을 만합니다. 하지만 이 열심을 하나님의 영광과 그리스도의 몸인 교회를 위한 열심이 되게 하는 것은 율법과 복음을 바르게 아는 지식이며, 하나님의 의와 자기 의를 구분할 줄 아는 지식입니다. 우리의 열심이 이 바른 지식 위에 설 때 우리의 신앙이 그리스도를 닮아 가고 그분의 성품을 반영하는 성숙하고 경건한 어른으로 우리를 인도하는 것입니다.

○
설교 분별하기 – 성도의 책임

이를 위해 오늘날 한국 교회에 가장 시급하고 중요한 일은 강단이 회복되는 것입니다. 이 땅에 세워진 모든 주님의 교회의 강단에서 복음이 선명하게 선포되어야 합니다. 인간의 본성에 맞춘 번영신학과 기복신앙에 물든 설교, 교양과 도덕으로 인간을 높이는 윤리 설교, 감성과 지성을 적당히 만족시켜 주는 에세이 설교 등이 사라지고 하나님을 영화롭게 하는 복음 설교가 회복되어야 합니다.

우리가 율법과 복음을 바르게 이해했다면, 우리의 신앙생활에서 당장 실제적으로 경험하게 되는 일은 설교를 분별하는 것입니다. 우리는 매 주일 설교를 듣습니다. 그 설교가 선명하게 복음을 드러내고 하나님을 높이는 설교인지를 분별할 수 있게 됩니다.

한국 교회의 강단이 회복되어야 한다는 것은 이미 오래도록 많은 사람이 해 온 말이기는 합니다. 하지만 강단의 회복은 설교자들에게만 달려 있는 문제가 아닙니다. 설교를 분별하는 성도들의 몫이기도 합니다. 베뢰아 사람들처럼 설교를 듣는 성도들이 있어야 합니다.

"베뢰아에 있는 사람들은 데살로니가에 있는 사람들보다 더 너그러워서 간절한 마음으로 말씀을 받고 이것이 그러한가 하여 날마다 성경을 상고하므로"(행 17:11).

설교와 설교자를 분별하는 것은 성도의 책임입니다. 종교개혁자 존 칼빈도 《기독교 강요》에서 강조해 가르친 바 있습니다.

"그러나 이런 말을 한다고 해서, 내가 무작정 무차별하게 목자들의 권위를 깎아내리려는 의도를 갖고서 그렇게 하는 것처럼 생각해서는 안 될 것이다. 나는 그저 어떤 사람들이 목자로 불린다고 해서 그들이 모두 실제로 목자들이라는 식으로 생각해서는 안 되고, 그들을 살펴서 구별해야 한다는 것을 말하고자 하는 것뿐이다"(4.9.5.).

이런 견지에서, 저는 이 3가지 유형의 설교들이 왜 선명한 복음이 아닌 율법주의의 설파에 불과한지를 조금 더 분석해서 설명하려고 합니다. 이 설교들은 모두 오늘날 한국 교회에서 가장 대표적이고 대중적인 설교의 유형들인데, 유감스럽게도 모두 율법주의에 근거하고 있습니다. 이 설교들은 복음을 드러냄으로써 하나님을 영화롭게 하지 못할 뿐 아니라, 죄인을 거듭나게 하고 성도들을 거룩하게 만드시는 하나님의 말씀도 아닙니다.

O

번영신학과
기복신앙에 물든 설교

먼저 번영신학과 기복신앙에 물든 설교를 생각해 보겠습니다. "예수 믿으면 복 받는다"가 번영신학과 기복신앙의 기본 명제입니다. 이 명제 자체에는 신학적 문제가 없습니다. 문제는 '복'을 어떻게 정의하고 이해하느냐 하는 것입니다.

번영신학과 기복신앙이 말하는 복은 부와 건강으로 대변됩니다. 건강하고, 부유하고, 사고 나지 않고, 자식들이 잘되는 것 등입니다. 사람들의 마음을 '이 세상'에 머물게 하는 것들입니다. 기독교 신앙은 '영원에서 영원에 이르는' 안목과 시야를 제공합니다. 거듭난 신자는 영원을 보는 눈이 열립니다. 이 세상을 영원의 관점에서 보기 시작합니다. 세상에서나 하늘에서나 우리가 누릴 지복은 하나님 자신이시라는 사실을 깨닫습니다. 시편 기자가 고백한 것처럼 말입니다.

"하늘에서는 주 외에 누가 내게 있으리요 땅에서는 주 밖에 내가 사모할 이 없나이다 내 육체와 마음은 쇠약하나 하나님은 내 마음의 반석이시요 영원한 분깃이시라 무릇 주를 멀리하는 자는 망하리니 음녀같이 주를 떠난 자를 주께서 다 멸하셨나이다 하나님께 가까이함이 내게 복이라 내가 주 여호와를 나의 피난처로 삼아 주의 모든 행적을 전파하리이다"(시 73:25-28).

이 땅에 두 발을 딛고 살아가는 신자들은 여전히 죽을 몸 안에서 살아가고 있기에 이 세상이 커 보이고 전부처럼 여겨지는 유혹에 넘어질 수 있는 연약한 존재들입니다. 그래서 사도들은 이런 성도들을 향해 한결같이 권면하고, 주의를 주고, 경계했습니다.

"생각하건대 현재의 고난은 장차 우리에게 나타날 영광과 비교할 수 없도다"(롬 8:18).

"우리가 잠시 받는 환난의 경한 것이 지극히 크고 영원한 영광의 중한 것을 우리에게 이루게 함이니 우리가 주목하는 것은 보이는 것이 아니요 보이지 않는 것이니 보이는 것은 잠깐이요 보이지 않는 것은 영원함이라"(고후 4:17-18).

영원의 안목으로 자신이 살아가는 세상의 한시적인 것들을 보라는 권면입니다.

"위의 것을 생각하고 땅의 것을 생각하지 말라 이는 너희가 죽었고 너희 생명이 그리스도와 함께 하나님 안에 감추어졌음이라 우리 생명이신 그리스도께서 나타나실 그때에 너희도 그와 함께 영광 중에 나타나리라"(골 3:2-4).

"그러나 우리의 시민권은 하늘에 있는지라 거기로부터 구원하는 자 곧 주 예수 그리스도를 기다리노니 그는 만물을 자기에게 복종하게 하실 수 있는 자의 역사로 우리의 낮은 몸을 자기 영광의 몸의 형체와 같이 변하게 하시리라"(빌 3:20-21).

우리가 추구해야 할 목표와 가치가 이 세상의 한시적인 것들이 아니라, 하늘의 영원한 가치라는 것을 거듭 강조하는 권면들입니다.

"이 세상이나 세상에 있는 것들을 사랑하지 말라 누구든지 세상을 사랑하면 아버지의 사랑이 그 안에 있지 아니하니 이는 세상에 있는 모든 것이 육신의 정욕과 안목의 정욕과 이생의 자랑이니 다 아버지께로부터 온 것이 아니요 세상으로부터 온 것이라"(요일 2:15-16).

"간음한 여인들아 세상과 벗 된 것이 하나님과 원수 됨을 알지 못하느냐 그런즉 누구든지 세상과 벗이 되고자 하는 자는 스스로 하나님과 원수 되는 것이니라"(약 4:4).

"그러므로 형제들아 내가 하나님의 모든 자비하심으로 너희를 권하노니 너희 몸을 하나님이 기뻐하시는 거룩한 산 제물로 드리라 이는 너희가 드릴 영적 예배니라 너희는 이 세대를 본받지 말고 오직 마음을 새롭게 함으로 변화를 받아 하나님의 선하시고 기뻐하시고 온전하신 뜻이 무엇인지 분별하도록 하라"(롬 12:1-2).

번영신학과 기복신앙에 물든 설교에는 이 말씀들이 설 자리가 없습니다. 결국 이런 설교가 하는 일은 신자의 관심을 하늘이 아닌 땅에, 영원이 아닌 한시적인 것에, 썩지 않을 것이 아닌 썩어질 것에 두게 하는 것입니다. 인간 안에 있는 탐심을 부추겨 그 탐심을 신앙으로 정당화시켜 줌으로써 하나님을 자기 죄와 탐심을 이루는 도구로 전락시키는 일을 하게 됩니다. 바울 사도가 로마서 7장에서 말했던 죄와 탐심의 무서운 기만적 능력을 괘념치 않고 무시해 버리는 것입니다.

성도들은 부와 건강의 복을 얻기 위해서 더 많이 기도할 것이고, 더 많이 헌신하고 봉사할 것이며, 더 많은 물질을 드릴 것입니다. 이것이 번영신학과 기복신앙의 공식입니다. 그리고 이 공식은 결국 율법주의의 전형을 보여 줍니다. "나 하기에 달렸다! 더 열심히, 더 많이, 하나님이 더 크게 감동을 받으시게 해야 한다!" 그들에게서 발견되는 모든 것은 바울 사도가 '말세의 징조'라고 언급한 것들, 즉 자기 사랑이며 돈 사랑이고, 자기 자랑이며 교만인 것입니다(딤후 3:1-2). 여기서 마음과 목숨과 뜻과 힘을 다하여 주 하나님을 사랑하는 것, 그리고 이웃을 자신처럼 사랑하는 것은 찾아보기 어렵습니다(막 12:30-31).

바울 사도는 탐심이 우상 숭배라고 주저 없이 썼습니다(골 3:5). 그렇다면 번영신학과 기복신앙에 물든 설교는 배교한 교회의 우상 숭배 설파에 지나지 않는 것입니다. 그래서 이런 설교는 무서운 괴물 같은 기독 종교인들을 이 세상 속에 배출해 내게 되었습니다. 오늘의 한국 교회와 사회는 어느 정도 그것을 경험하고 있는 것 같습니다. 그러므로 탐심의 우상 숭배에 근거한 율법주의 설교는 한국 교회의 강단에서 사라져야 합니다.

○
윤리 설교

또 하나 지적해야 하는 것은 윤리 설교입니다. 윤리 설교는 교양과 도덕이라는 이름으로 인간의 의를 높임으로써 하나님의 의에 목마르고 굶주려야 할 신자들의 마음을 자기 의로 배부르게하는 율법주의 설교에 지나지 않습니다. 윤리 설교는 우리가 뭔가 할 수 있다는 생각을 은연중에 심어 줍니다. 우리의 의지를 부추깁니다.

윤리 설교는 사회적 교양과 도덕을 중요하게 여기는 사람들에게 더 많은 호소력을 가집니다. 설교의 결론으로 2-3가지 제시되는 적용 항목들을 주의 깊게 생각하고 잘 실천하면서 살아가면 좋은 성도가 될 것이라는 생각을 심어 줍니다.

자, 여기에 무슨 문제라도 있는 것입니까? 우리가 아무것도 할 수 없다고 말해야 복음을 설교하는 것입니까? 우리의 의지는 무용하다고 말해야 합니까? 도덕이나 교양은 나쁜 것입니까?

그렇지 않습니다. 다만, 이런 유형의 윤리 설교가 가지는 문제는 윤리와 도덕, 실천과 적용의 위치를 어디에 두고 가르치는가에 달려 있습니다. 우리는 율법은 명령이고 명령법으로 나타나며, 복음은 믿어야 할 약속이고 직설법으로 나타난다는 것을 이미 자세히 살펴보았습니다. 그리고 율법의 제3용법이 신자들에게 얼마나 중요한지도 알아보았습니다. 윤리를 말할 수 있고, 또 말해야 합니다. 신약 서신서의 후반부는 거의 대부분 그리스도인의 윤리와 도덕, 삶의 실제를 말합니다.

문제는 순서입니다. 신약의 서신서들, 특별히 바울 서신이 두드러지게 보여 주는 구조가 있습니다. 먼저는 복음의 사실을 설명하는 직설법이 나옵니다. 하나님이 예수 그리스도 안에서 그분을 통해 우리의 구원을 온전히 이루셨다는 것이 복음의 직설법입니다. 그 뒤에 명령법, 윤리와 도덕적 권면이 나옵니다. 즉 신자의 삶과 윤리의 문제는 언제나 복음의 사실과 복음에 나타난 하나님의 무한한 사랑과 은혜의 결과입니다.

'복음의 직설법이 얼마나 선명하고 바르게 선포되었는가?' 하는 것이 윤리 설교의 바름과 틀림을 가늠하는 기준이 됩니다. 복음 안에 나타난 하나님의 은혜가 신자 안에 거룩한 삶을 살고 싶은 열망을 뜨겁게 불러일으키는 열매로 윤리가 자리하는 것입니다. 그러므로 신자들이 마땅히 거부해야 하는 윤리 설교는 복음의 직설법이 없이 윤리로 시작해서 윤리로 마치는 율법주의 설교입니다.

율법주의 유형의 윤리 설교는 명령법으로 시작해서 직설법에 이르는 순서를 선호합니다. "하나님을 잘 섬기십시오. 그러면 당신이 복을 받게 될 것입니다." 이것이 율법주의 윤리 설교의 공식입니다. 우리가 많이 부르는 찬송가의 가사를 예로 들어 보겠습니다. 새찬송가 449장 "예수 따라가며"의 5절 가사입니다.

"주를 힘입어서 말씀 잘 배우고 주를 모시고 살아가세 주를 의지하며 항상 순종하면 주가 사랑해 주시리라 의지하고 순종하는 길은 예수 안에 즐겁고 복된 길이로다."

어느 부분이 율법주의의 공식을 보여 주는지 알겠습니까? "주를 의지하며 항상 순종하면 주가 사랑해 주시리라"라는 부분입니다. 하나님이 우리를 사랑하시는 조건이 주를 의지하고 항상 순종하는 것이라고 말합니다. 이것은 이 찬송시를 쓴 존 새미스

(1846-1919) 목사의 원문이 말하는 바가 아닙니다. 이 가사를 가지고 찬송을 부를 때 사람들은 율법과 복음을 혼동하고 오해하는 경험을 하게 될 것입니다.

윤리 설교가 이런 방식으로 전해지는 것도 동일한 의미에서 위험합니다. 우리는 하나님의 사랑을 더 많이 받기 위해서 믿고 순종하는 것이 아닙니다. 이미 하나님이 갚을 수 없는 무한한 사랑과 은혜를 복음 안에서 베풀어 주셨기 때문에 우리가 하나님을 더욱 신뢰하고 순종할 힘을 얻게 되는 것입니다. 그래서 더욱더 열심히 주를 의지하고 순종하는 삶을 살아갑니다. 신자들에게는 언제나 복음의 직설법이 먼저 나오고 율법의 명령법이 그 뒤를 이어야 하는 것입니다.

이 순서를 떠난 윤리 설교는 인간의 의지를 부추기고, 우리 스스로가 의지와 교양으로 만들어 내는 인위적 경건을 참된 경건이라고 오해해 잘못 추구하게 만드는 결과를 낳습니다. 이것은 율법주의 위에 신앙을 세우는 어리석은 시도입니다. 그러므로 이런 방식의 윤리 설교는 한국 교회의 강단에서 사라져야 합니다.

O

에세이 설교

마지막으로 다루지 않을 수 없는 대중적이고 보편적인 설교 유형은 소위 에세이 설교입니다. 이 설교 유형은 한 편의 깔끔한 수필 혹은 에세이를 들은 것 같은 기분을 줍니다. 지성과 감성을 적당히 건드리고 만족시켜 줍니다. 뭔가 새로운 것을 배우고 느낀 것 같습니다. 기분이 좋고 만족이 됩니다. 여기에는 설교의 로고스(메시지)도, 파토스(정서적인 요소)도, 그리고 에토스(설교자의 삶)도 있습니다.

그러나 이런 유형의 설교는 복음이라는 좋은 소식이 전해지기 위해 선행적으로 전해져야 하는 율법이라는 나쁜 소식을 회피하는 현저한 경향이 있습니다. 복음이 좋은 소식이 되기 위해서, 사람은 율법이라는 나쁜 소식을 먼저 들어야 합니다. 율법의 제1용법을 말하는 것입니다. 율법이 우리의 죄를 드러내고, 절망하게 하고, 우리의 심령을 갈가리 찢어 놓아서 "오호라 나는 곤고한 사람이로다 이 사망의 몸에서 누가 나를 건져 내랴"(롬 7:24) 하고 탄식하게 될 때 복음은 그 사람에게 무한히 좋은 소식으로 주어질 수 있습니다. "그러므로 이제 그리스도 예수 안에 있는 자에게는 결코 정죄함이 없나니"(롬 8:1)라고 말입니다.

아무 문제도 없다는 듯이 잘 살아가고 있는 사람의 마음에 복음은 들려질 수 없습니다. 복음 안에 나타난 하나님의 선하심은 그런 사람의 마음에 감동을 일으키지 못합니다. 복음이 그에게 좋은 소식으로 들리기 위해서는 "하나님의 진노가 불의로 진리를 막는 사람들의 모든 경건하지 않음과 불의에 대하여 하늘로부터 나타나나니"(롬 1:18)라는 나쁜 소식이 먼저 전해져야 합니다.

하지만 에세이 설교의 문제는 성경이 주는 무게를 담아 선포하지 못한다는 것입니다. 에세이 설교의 묘미는 선을 넘지 않는 것이기 때문입니다. 청중의 죄를 드러내더라도 적당한 선에서 하고, 얼른 봉합해 주어야 합니다. 뭔가 내 영혼에 정화가 일어나는 것 같은 느낌을 주면 됩니다. 지성과 감성 모두가 적당히 만족되는 것입니다.

바울 사도가 갈라디아서를 통해 갈라디아 교회에 가만히 들어온 거짓 교사들의 설교 태도를 고발하면서 자신을 참 사도로 변호한 방식을 주목해 보십시오.

"이제 내가 사람들에게 좋게 하랴 하나님께 좋게 하랴 사람들에게 기쁨을 구하랴 내가 지금까지 사람들의 기쁨을 구하였다면 그리스도의 종이 아니니라"(갈 1:10).

사람들을 만족시키고 기쁘게 하려는 동기는 하나님의 말씀을 전하는 사람에게는 치명적인 요소가 됩니다. 결국 에세이 설교는 인간이 자기 자신 안에서 만족의 근거를 찾게 하는 율법주의 의 특징을 고스란히 드러내는 것입니다. 여기에는 광풍같이 몰아치는 음성이 없고(나 1:3), 불과도 같고 방망이와도 같은 말씀이 없습니다(렘 23:29). 오직 지성과 감성을 만족시키는 종교 수필이 있을 뿐입니다.

이런 설교 유형은 세월이 흘러갈수록 신자가 자신이 설교를 즐겁게 듣고 있다는 사실에 안주하게 할 것입니다. 여기에 죄의 기만성이 작동합니다. 복음은 우리 안에 있는 자기 의를 산산이 부서뜨리는 능력입니다. 이 일이 없이, 복음은 어떤 죄인에게도 복음이 될 수 없습니다. 그래서 우리는 설교를 분별할 수 있어야 하고, 그 분별의 중요한 준거 틀은 율법과 복음이어야 합니다.

○
율법 설교와 율법주의 설교 구별하기

설교와 설교자를 예리하게 분별하는 일은 중요합니다. 그러나 다른 한편으로, 또 다른 극단에 이르게 될 위험이 우리에게는 상존합니다. 그것은 율법을 설교하는 것은 모두 율법주의 설교라고 단정하는 태도에서 나타납니다. 자라를 보고 놀란 사람이 솥뚜껑만 봐도 놀란다는 식으로, 율법주의의 폐해를 깨달은 사람이 율법만 말해도 그것은 틀렸다고 비판하는 태도입니다. 찰스 브리지스는 "율법 설교를 율법적인(율법주의) 설교와 동일시하지만 이는 매우 잘못된 생각이다"라고 지적합니다.[14]

다시 말하지만, 율법은 하나님의 말씀입니다. 바울 사도는 율법이 문제라고 오해하지 않도록 하기 위해서 이렇게 말해야 했습니다.

"이로 보건대 율법은 거룩하고 계명도 거룩하고 의로우며 선하도다"(롬 7:12).

율법은 설교되어야 합니다. 하나님이 율법에 부여하신 목적과 기능을 가진 율법으로서 설교되어야 합니다. 율법이 청중의 마음 깊은 곳에 있는 죄를 죄로 드러내 줄 때 그들은 복음의 은혜를 구하게 되고 마음이 그리스도를 향하게 됩니다. 이것이 율법의 제1용법입니다. 그리고 율법이 바르게 전해질 때 형벌이 두려워서라도 죄인들의 죄가 억제되는 효과를 가지게 될 것입니다. 율법의 제2용법입니다. 끝으로 율법이 바르게 설교될 때 신자들은 자신들을 향한 하나님의 기쁘신 뜻을 깨닫게 되고, 율법을 자신의 삶의 규범으로 삼아 살아가게 될 것입니다. 율법의 제3용법입니다.

이와 같이 율법이 바르게 설교된다는 것은 율법이 가진 목적과 기능의 한계 안에서 율법이 가르쳐지는 것을 뜻합니다. 그러나 율법이 자기 본래의 목적과 기능을 넘어 복음을 대신하려고 할 때 그것은 거짓 복음이 되고 맙니다. 바울 사도가 "저주를 받을지어다"라고 강하게 표현했던 바, 갈라디아 교회의 거짓 교사들이 가르친 '다른 복음'이 되는 것입니다(갈 1:7-9).

율법은 죄인을 복음으로 인도하고, 복음의 은혜를 입은 성도에게는 하나님의 뜻을 보여 주어 그 뜻을 따라 살도록 인도합니다. 율법 설교는 한국 교회의 강단에서 회복되어야 합니다. 그리고 성도들은 율법 설교와 율법적인(율법주의) 설교를 구별할 줄 알아야 합니다.

O

복음을 설교하기 – 설교자의 책임

우리는 한국 교회의 강단이 회복되기 위해서 먼저 청중인 성도들의 책임이 중요하다는 내용을 살펴보았습니다. 성도의 책임은 분별의 책임입니다. 그러나 강단 회복에 있어서 가장 큰 책임은 사실 설교자들에게 있습니다. 설교자들의 책임을 다루기 위해서 이런 질문을 던져 보겠습니다. "왜 복음을 신실하게 전하는 설교자들이 적은 것일까요?"

몇 가지 이유를 생각할 수 있습니다. 가능한 첫 번째 이유는 설교자 자신이 율법과 복음을 혼동해 복음을 제대로 깨닫지 못한 까닭입니다. 바울 사도는 이런 선생들을 두고 "율법의 선생이 되려 하나 자기가 말하는 것이나 자기가 확증하는 것도 깨닫지 못하는도다"(딤전 1:7)라고 말했습니다.

그러나 복음 설교가 신실하게 전해지지 않은 또 다른 이유가 있습니다. '복음을 들은 성도들이 봉사와 헌신을 놓아 버리고 율법이나 도덕을 집어던지면 어쩌나?' 하는 설교자의 우려 때문입니다. 복음을 신실하게 전하면 교인들이 움직이지 않고, 헌신하지 않으며, 봉사를 놓을지도 모른다는 걱정이 있습니다. 그러면 교회가 어떻게 운영되겠냐는 것입니다.

이것은 어느 정도는 율법의 멍에로 속박해야 사람들이 움직이고, 봉사하고, 헌신한다고 생각하기 때문이 아닙니까? 사실 율법 멍에의 속박보다 더 강력한 것은 하나님의 은혜에 붙잡혀 주님을 섬기는 것이라는 사실을 생각하지 못하는 소치입니다. 목회자가 이런 생각을 한다면 그 목회는 심각한 반복음적 목회라고 하겠고, 복음 위에 세워지는 교회라고 할 수 없을 것입니다.

한 걸음 더 나아가, 교인들이 도덕적 방임에 빠져들어 도덕과 의무를 소홀히 할 것에 대한 염려도 있습니다. 그래서 설교자는 복음의 원재료에 율법의 행위를 조미료 치듯 가미해서 설교를 하게 되는 것입니다. 복음을 분명하게 전한 뒤에 "그러므로 여러분이 이렇게 살아야, 혹은 저렇게 살아야 은혜를 받을 수 있습니다" 하는 식으로 마무리하는 것입니다.

이렇게 복음이라는 원재료에 율법이라는 조미료를 많이 치게 되면 그 요리를 먹는 사람들은 결코 복음의 참맛을 경험하지 못한 채 율법이라는 조미료 맛에만 익숙하게 될 것입니다. 게다가 우리의 본성은 율법이라는 조미료 맛을 더욱 선호하기 때문에 그 설교는 더 많은 사람이 반응하는 대중적 메시지가 될 수도 있습니다. 복음을 이렇게 설교하고 가르치면 사람들은 율법과 복음을 선명하게 구분할 수 없기 때문에 참된 복음을 깨달을 수 없습니다.

여기에 신실한 복음 설교를 찾기 힘든 한 가지 이유를 더 말하겠습니다. 그것은 설교자 자신이 가지는 염려 혹은 두려움입니다. '순전한 복음을 전할 때 율법폐기론자라는 비난을 듣게 되지는 않을까?' 하는 염려가 설교자 자신에게 있을 수 있습니다. 마틴 로이드 존스는 설교자가 이런 비난을 받는 것은 그가 성경에 충실한 복음을 제대로 전했다는 것을 확인시켜 주는 증거라고 말합니다.

"그것은 복음 설교에 대한 아주 훌륭한 시금석입니다. 만일 내가 전하는 구원의 복음에 대한 설교가 이런 오해를 당하지 않으면 그것은 복음이 아닙니다."[15]

이런 염려 때문에 설교자가 율법의 행위가 구원의 효율적 원인이라는 느낌을 조금이라도 주거나 자신의 노력과 선함이 구원에 영향을 미친다는 식으로 설교를 한다면 그는 이런 비난을 받지는 않을 것입니다. 하지만 이것은 신실한 복음 설교가 아닙니다.

신실한 복음 설교를 하려면, 설교자는 사람을 기쁘게 하려는 동기를 민감하게 살피고 내려놓아야 합니다. 복음이 온전하게 선포되는 설교는 무엇보다 하나님을 영화롭게 하는 설교입니다. 그리스도의 종은 사람들의 기쁨을 구하는 자가 아닙니다. 그는 하나님의 기쁨을 구하는 사람입니다(갈 1:10).

신실한 복음 설교가 없다면 강단에서 나오는 말씀을 오랜 세월 들어도 율법과 복음을 구분조차 하지 못하고, 신자로서 자신이 누구인지에 대한 정체성의 혼란에서 결코 벗어나지 못합니다. 신자가 그리스도 안에서 얻은 자신의 신분과 정체성을 바르게 이해하지 못하면, 그는 결코 복음의 은혜를 누리며 살아갈 수 없고, 갈라디아 성도들처럼 복음에서 점점 더 돌아서게 되며, 자유함이 없는 율법의 행위에 종노릇하는 신앙생활을 하게 됩니다. 영적인 성장과 성숙도 일어나지 않습니다.

그러므로 설교자는 율법과 복음을 선명하게 구분하는 실력이 있어야 하되, 바울 사도를 따라 그 모든 염려와 두려움을 주님께 맡겨야 복음 사역을 제대로 감당할 수 있습니다. 이런 은혜가 한국 교회의 강단과 설교자들 가운데 나타나기를 구합니다.

오직 하나님께만 영광!

| 확신 노트 |

1. 오늘날 한국 교회에 가장 시급하고 중요한 일: 강단에서 복음이 선명하게 선포되는 것

2. 설교 분별하기 – 성도의 책임
   · 한국 교회의 대표적이고 대중적인 설교 유형
     – 인간의 본성에 맞춘 번영신학과 기복신앙에 물든 설교
     – 교양과 도덕으로 인간을 높이는 윤리 설교
     – 감성과 지성을 적당히 만족시켜 주는 에세이 설교
     → 모두 복음을 드러내지 않는, 율법주의에 근거한 설교
   · 설교 분별의 중요한 준거 틀: 율법과 복음
   · 율법 설교(율법이 가진 목적과 기능의 한계 안에서 율법이 가르쳐지는 것)와 율법적인(율법주의) 설교를 구별할 줄 알아야 한다.

3. 복음을 설교하기 – 설교자의 책임
   · "왜 복음을 신실하게 전하는 설교자들이 적은 것일까?"
     – 설교자 자신이 율법과 복음을 혼동해 복음을 제대로 깨닫지 못한 까닭
     – 교인들이 헌신하지 않을지도 모른다는 걱정 때문
     – 교인들이 도덕적 방임에 빠져들어 도덕과 의무를 소홀히 할 것에 대한 염려
     – 순전한 복음을 전할 때 율법폐기론자라는 비난을 듣게 될까 염려

4. 복음이 온전하게 선포되는 설교는 무엇보다 하나님을 영화롭게 하는 설교다.

이제 시작입니다. 복음은 무한히 선하신 하나님의 영광을 드러내기에, 우리는 어느 순간에라도 그 무한한 영광의 복음을 다 안다고 말할 수 없을 것입니다. 그러나 이 복음 안에 드러난 하나님의 선하심과 영광을 알게 될수록 우리는 더 큰 은혜를 경험하고, 평안과 자유를 누리게 되며, 하나님을 즐거워함으로써 하나님께 온전한 영광을 돌리게 될 것입니다.

한국 교회의 일반 성도들의 눈높이에서 '율법과 복음'을 설명함으로써 복음의 은혜를 나누려고 했습니다. 이제 더 깊이, 그리고 더 풍성한 복음의 지식과 은혜 가운데로 나아가기를 바랍니다. 이제 시작일 뿐입니다.

이 책은 한편으로는 성경이 설명하는 율법과 복음을 다루고 있지만, 다른 한편으로는 저의 이야기이기도 합니다. 모태신앙으로 교회에서 자라 온 저에게 늘 해결되지 않았던 문제는 바로 이 책의 주제인 '율법과 복음'의 문제였습니다.

중학교 시절 회심한 이후 누구나 그렇듯이 열심을 다해 교회 일에 시간을 드렸고, 개인적으로도 말씀을 읽고 기도하는 일에

게을러지지 않으려고 했습니다. 모든 것이 나의 열심과 결심대로 진행되고 있을 때는 아무 문제가 없었습니다. 하지만 마음이 가라앉고 침체될 때, 죄에 자신을 내어 주고 하나님과 멀어졌다고 생각될 때는 '내가 정말 구원받은 하나님의 자녀가 맞나?' 하는 의심과 불안과 싸워야 했습니다. 저의 신앙생활은 자신의 주관적 느낌, 자신의 공로와 행위에 의존해 있었고 이것을 벗어나지 못했습니다.

율법과 구별되는 복음을 선명하게 깨닫게 되면서, 하나님이 그 아들 예수 그리스도 안에서 자신의 택한 백성을 위해 완전하게 이루어 주신 일이 내게 어떤 의미가 있는지를 보다 깊이 알게되면서 제 마음은 비로소 확신과 자유를 경험하기 시작했습니다. 그리고 그리스도인, 하나님의 자녀라는 사실이 얼마나 복되고 영원한 안전이 보장되는 행복인지 그 과분한 은혜 안에서 기뻐하는 법을 배우기 시작했습니다.

목회자와 설교자로서, 자유하게 하는 은혜의 복음을 누리지 못하는 많은 신자를 만났습니다. 그리고 복음을 설교했습니다.

이제 그 설교의 한 부분이 책으로 세상에 나왔습니다. 설교의 현장성은 담보할 수 없을지라도, 이 책을 읽게 될 모든 주 안의 형제와 자매들의 손에서 이 책이 성령의 도구로 쓰임 받게 되기를 기도합니다. 신앙 여정에서 제가 경험했던 은혜가 이 책을 읽는 분들께도 주어지기를 바랍니다.

특별히 율법주의의 덫에 붙잡혀 있는 이들, 번영신학의 망상에 사로잡혀 있는 이들뿐만 아니라 온갖 이단 사이비의 가짜 복음에 속고 있는 많은 사람이 이 책을 통해 무한히 자비하고 선하신 하나님 아버지께서 예수 그리스도 안에서 다 이루신 구원의 은혜를 보고, 그 안에 자신을 맡기고, 주께서 주시는 복음의 은혜 안에서 참 안식과 평안을 누리게 되기를 소망합니다.

그리고 이 선명한 복음이 이 땅에 세워진 모든 교회의 강단에서 선포되는 날이 오기를, 그래서 이 땅의 교회와 성도들을 통해 우리에게 복음을 주셨고 우리에게 복음이 되신 오직 성삼위 하나님께만 영광이 돌려지기를 구합니다.

"그리스도께서 우리를 자유롭게 하려고 자유를 주셨으니 그러므로 굳건하게 서서 다시는 종의 멍에를 메지 말라"(갈 5:1).

글을 맺으며

김형익

주(註)

1. 찰스 브리지스,《참된 목회》(익투스, 2011), p. 338에서 재인용, *The Works of Rev. John Newton*, I. 322.

2. 마이클 호튼,《언약 신학》(부흥과개혁사, 2009).

3. C. F. W. Walther, *The Proper Distinction between Law and Gospel*(St. Louis: Concordia, 1986), p. 6.

4. 마틴 로이드 존스,《로마서 강해: 제3권 새사람(6장)》(기독교문서선교회, 1995), pp. 203-204. 이 내용을 근거로 정리해 인용함.

5. 존 스토트,《로마서 강해》(IVP, 2003), p. 226.

6. 마틴 로이드 존스, 앞의 책, p. 100.

7. 존 스토트, 앞의 책, p. 226.

8. 존 스토트,《새 사람》(아바서원, 2011), p. 159.

9. 마틴 로이드 존스, 앞의 책, 제15장 "생명으로 설명된 소유권" 참고.

10. Elisabeth Elliot(ed), *The Journals of Jim Elliot*(Grand Rapids: Fleming Revell, 1978), p. 38(1948년 3월 10일 일기).

11. 웨인 그루뎀,《조직신학 (중)》(은성, 1996), p. 355.

12. Charles Leiter, *Justification and Regeneration*(Heart Cry Resources, 2007), p. 35.

13. 웨인 그루뎀, 앞의 책, p. 313.

14. 찰스 브리지스, 앞의 책, p. 329.
15. 마틴 로이드 존스, 앞의 책, p. 19.